메타버스
영어 공부방 혁명

상위 1% 알파세대 자녀를 둔 학부모만 아는

메타버스 영어 공부방 혁명

초판 1쇄 인쇄 2022년 12월 13일
초판 1쇄 발행 2022년 12월 20일

지은이 손수미

발행인 백유미 조영석
발행처 (주)라온아시아
주소 서울특별시 서초구 효령로 34길 4, 프린스효령빌딩 5F

등록 2016년 7월 5일 제 2016-000141호
전화 070-7600-8230 　 **팩스** 070-4754-2473

값 17,000원
ISBN 979-11-6958-012-0 (03370)

라온북은 독자 여러분의 소중한 원고를 기다리고 있습니다. (raonbook@raonasia.co.kr)

상위 1% 알파세대 자녀를 둔 학부모만 아는

메타버스
영어 공부방
혁명

손수미 지음

METAVERSE

RAON
BOOK

메타버스 시대,
영어 공부방에 새로움을 도전하다

대학 졸업 후 증권사 IT 개발팀에서 사회생활을 시작했다. 많은 액수의 월급을 받았지만 회사의 조직문화는 답답하게 느껴졌고 좋아하지도 않는 업무와 잦은 야근에 내 몸과 마음은 점점 지쳐갔다. 그즈음 친한 동료가 암에 걸렸다는 소식을 듣게 됐다. 얼마 후에는 내가 정말 존경하던 형부가 갑작스럽게 돌아가셨다. 회사 생활의 스트레스로 인해 희귀병에 걸려 생을 마치셨던 것이다. 마른하늘에 날벼락 같은 일이었다. 두 사람의 모습을 지켜보며 나를 돌아보았고 내 삶과 일, 사명 등을 진지하게 고민하기 시작했다. 결국 나는 내가 좋아하고 잘하는 일을 찾기 위해 5년여 만에 회사를 나왔다.

퇴사 후 여러 경험을 하면서 그토록 바라던, 내가 좋아하고 잘하는 일을 찾을 수 있었다. 바로 '영어 교육사업'이었다. 시작은 공부방이었다. 10년 동안 집에서 공부방 교사로 교육 경험을 쌓아나갔다. 그리고 영어학원을 개원했다. 좋아했고 잘하는 일이었기에 나의 피, 땀, 눈물을 쏟아붓는다면 당연히 좋은 결과를 얻을 수 있을 것이라고 생각했다. 하지만 내 공든 탑은 무너져버렸다. 문제는 경영이었다. 사람 관리, 재무관리, 마케팅, 상담 등 하나부터 열까지 내 손을 거쳐야 할 일들이 너무도 많았다. 거기에 코로나19 여파로 큰 어려움을 겪게 되면서 2년 넘게 운영했던 영어학원을 닫아야만 했다.

폐업이라니……. 스트레스가 극에 달한 탓인지 대상포진이 찾아왔다. 너무 아파 잠도 제대로 잘 수가 없었다. '이렇게 사람이 죽을 수도 있겠구나'라는 생각이 들 정도였다. 하지만 이대로 내 사명을 포기할 수는 없었다. 나를 세우고 다른 사람을 돕는 사람이 되고 싶었다. 먼저 건강관리를 철저히 하기로 했다. 다행히도 건강을 회복했고 많은 사람들에게 좋은 영향력을 끼치고 싶다는 내 뜻을 이 책을 통해 펼칠 수 있게 됐다.

나는 우선 지난 시간 내가 쌓아왔던 영어 교육사업 노하우와 적용 방법을 '1인 교육사업'의 꿈을 가진 사람들에게 전해주고 싶었다. 또한 내 자녀와 수많은 학생들에게 영어 코칭을 하면서 얻은 혜안과 영감을 자녀 교육에 관심 있는 학부모들과 나누고 싶었다.

이 책은 단지 영어 공부법에 대한 내용을 다룬 것이 아니다.

1인 원장의 역량을 키우기 위한 행동 지침서 같은 책이다. 자녀와 다음 세대의 교육에 관심이 있거나 1인 원장 사업가로서 제대로 일을 하고 싶다면 이 책이 큰 도움이 될 것이다. '아이들을 가르친다는 교육 자체도 중요하지만 교육사업을 통해 돈을 버는 것 또한 중요하다'라고 생각하는 사람도 꼭 읽어보길 바란다.

내 주변에는 학원 교육사업으로 성공한 사업가들이 참 많다. 하지만 안타깝게도 그들은 과거와 현재의 성공 경험에만 기준을 두기 때문인지 시대 변화의 흐름을 받아들이는 데 어려움을 겪는다. 이 책은 그러한 사람들의 말에 귀 기울이기보다 실패를 통해 변화에 잘 적응하는 능력과 사고의 유연성을 키우는 법을 배우고자 자신의 시간과 열정을 기꺼이 투자하는 이들을 위한 책이다.

이 책을 읽는 독자들이 원하는 목표를 향해 달려가다가 넘어지더라도 그 실패의 결과를 잘 받아들일 수 있다면 정말 좋겠다. 그런 의미에서 이 책에서 다룬 실패의 경험과 그 결과보다는 교육사업가로서 역량을 키우는 과정과 열정을 눈여겨봐주길 바란다.

마지막으로 이 책에서 다루고 있는 교육 사례와 메타버스(Metaverse) 플랫폼의 활용에 관한 내용은 교육사업을 하는 데 어려움을 겪고 있거나 자녀들을 어떻게 교육해야 할지 길을 잃고 헤매는 사람들에게 영감을 주고 방향성을 제시하는 도구가 될 것이다. 책에 있는 대로 하나둘 활용하다 보면 우리 아이들의 행복한 교육을 이끄는 리더가 되어 있을 것이다.

1장은 상위 1% 학부모만 아는 메타버스 영어 공부방에 관한 이야기를 담았다. 2장은 영어 공부방 수업을 받은 아이들의 변화와 성장을 분석했다. 3, 4장은 영어 공부방의 수업 방식과 메타버스 공부방 수업관, 트렌드 접목 비법 등 1인 교육사업가의 역량을 키우는 데 도움을 줄 수 있는 실천 사례를 넣었다. 5장은 실제 운영의 비밀 노하우와 수익 창출 다원화에 대한 비법과 방법론을 다뤘다. 이 책이 부디 많은 교육사업가들에게 든든한 조력자가 될 수 있기를 바란다.

왜 책을 써야 하는지 동기부여를 해주신 라온북 조영석 소장님과 책을 쓸 수 있도록 용기와 격려를 해준 출판부에 진심으로 감사를 표현하고 싶다. 마지막으로 늘 일만 벌이고 수습 못 하는 아내를 위해 20년 넘게 함께 살아주면서 아낌없는 사랑과 지지를 해주는 내 남편 김인성 씨와 아들 김중원 군에게도 사랑과 고마움을 전한다.

손누리

차 례

프롤로그 메타버스 시대, 영어 공부방에 새로움을 도전하다   4

METAVERSE   ◯◯◯

1부

The New Way : 영어 공부방의 새로운 방식

1장

상위 1% 학부모만 아는 영어 공부방

메타버스를 경험하며 공부한 아이인가   17

페이스북이 '메타'로 회사명을 바꾼 이유를 아는 부모인가   26

3차원 메타버스를 통해 비전과 목표를 찾아낸다   31

2장

영어 공부방 수업이 아이들에게 가져온 변화

레벨과 관심에 맞는 맞춤형 수업으로   39

TED, 세바시 등 강연이 논술 머리 확장으로 이어진다   46

그룹수업(주 1회 메타버스)의 큰 힘, 논리력과 협업력   56

영어 글쓰기로 이어지는 주제별 토론 수업   62

영어 한 과목 잘하게 되자 전 과목이 1등급으로   71

약점을 콘텐츠로 승화하면 강점이 된다   80

2부
메타버스까지 가능한
영어 공부방 노하우

3장

메타버스 영어 공부방의 수업 방식, 세팅 방법

어휘력 5단계   91

영어 논술 9단계로 중학교 때 수능을 완성하다   99

'아카데미 라이팅' 5단계   109

에세이 4단계   118

CNN 뉴스룸 등이 모두 열리는 공부방   126

4장

메타버스 공부방에서의 수업은 무엇인가

몰입할 수 있는 환경 안에서 '엉덩이의 힘' 만들기　　135

온·오프라인으로 함께 진행하는 에세이 첨삭　　142

메타버스에 주제별 콘텐츠 포트폴리오 만들기　　151

메타버스 안에서 게임하며 영어를 배운다　　158

메타버스 안에서 실험하며 과학적 지식을 쌓다　　168

고유한 포트폴리오를 만들어서 관리하다　　176

교육 콘텐츠를 가상화하다　　184

메타버스 안에서의 문화 체험을 실제 체험 활동과 연계한다　　194

5장

메타버스 공부방 운영의 비밀 노하우

단기 수강생을 장기 수강생으로 만드는 방법　　207

전화 상담을 100% 결제로 연결하는 비법　　215

상담이 등록으로 이어지는 '클로징' 노하우　　222

메타버스 공부방 입소문 내는 SNS 마케팅 성공 비법　　230

메타버스와 공부방을 연계해서 수입을 다원화하라　　236

1부

.

The New Way : 영어 공부방의 새로운 방식

1장

상위 1%
학부모만 아는
영어 공부방

메타버스를 경험하며
공부한 아이인가

대학 그리고 공부란 무엇인가

　나는 코로나19 시대에 당시 교육 현장가이면서 수험생 부모이기도 했다. 내 자녀와 코칭했던 고3 수험생들은 2022년 '불수능'을 치렀다. 일반고에서 코로나19 시대에 학교생활도 열심히 하고, 자기주도학습도 잘한 학생들이었다. 그리고 많은 제약 조건 속에서 학교생활기록부도 잘 채웠다.

　하지만 치열한 대학 수시전형에서는 수능 최저 등급(대학에서 수시 합격자를 변별하기 위해 지원자에게 요구하는 최저한의 수능 등급)을 맞췄음에도 내신 등급 0.1점 차이로 떨어졌다. 수시의 논술 전형은 몇백 대 일의 경쟁으로 치열했다. 그리고 수시 준비하랴 논술 준비하랴 정시 준비까지 재학생들이 이 세 가지를 한꺼번에 준비하기에는 시간적 제약이 심하다는 생각이 든다. 또한 재학생들이 수능으로만 보는 정시 준비는 재수생과 N수생들에게 더 유리할 수밖에 없다. 이렇게 해서 대학 수시, 정시 전형에서 떨어진 학생들은 재수를 해야 한다. 그리고 많은 경우 매월 300~400만 원의 기숙학원 등록금 비용은 고스란히 부모들이 지불해야 한다. 게다가 경쟁이 치열한 학과인 약대, 치의대, 수의과 등 20년 전에 안정적이라고 여겼던 학과가 지금도 여전히 경쟁이 치열하다. 모순적인 교육 현장을 바라보면서, 열심히 해도 원하는 곳에 쉽게 갈 수 없는 대학입시 공부의 궁극적인 목적에 대한 회의감이 들기 시작했다.

"2030년까지 대학생의 85%는 현재 존재하지 않는 직업을 갖게 될 것"이라고 전문가들은 말한다. 이와 같은 예측은 최근 코로나19를 겪는 우리에게 '급변하는 사회에서 우리 아이는 어떤 인재로 길러야 하며, 무엇을 가르치고 어떻게 가르쳐야 할 것인가'라는 질문을 던진다.

나는 나와 같은 부모 세대가 자녀가 원하는 학교에 입학하지 못해 재수를 시키면서 사교육에 월 400~500만 원씩 주게 하고 싶지 않았다. 그래서 지난 1년 넘게 새벽 독서 모임을 하면서 미래 교육, 앞으로 우리 아이들이 살아갈 시대에 대한 공부를 하게 됐다. 그러면서 다시 한 번 학부모의 입장에서 물음표가 생겼다. '좋은 대학 보내기'가 과연 우리 자녀 공부의 궁극적인 목적일까? 아이가 커서 자기가 좋아하는 일을 하면서 즐거움을 느끼는 게 공부의 목표가 아닐까? 하지만 어른들 입장에서는 이를 알면서도 여러 가지 걱정이 드는 게 사실이다.

'진짜 공부'를 경험하게 해주자

바야흐로 4차 산업혁명(산업 전반의 디지털화) 시대가 열리고 있다. 농업혁명에서 산업혁명으로, 이제는 디지털 혁명과 창의력 혁명으로 진화 중이다. 이러한 시대에 교육도 방향성이 바뀌어야 한다고 생각한다.

본래 교육, 즉 '에듀케이트(Educate)'라는 말은 '밖으로(e-) 끌어낸다(duc-)'는 뜻이다. 《우리의 불행은 당연하지 않습니다》(해냄, 2020)의 저자 김누리 교수는 독일어의 'erziehen(교육하다)'도 같은 의미라고 한다. 고유한 재능은 사람 안에 이미 다 들어 있고, 그걸 끌어내는 게 교육이지 '지식을 채우는 것'이 교육이 아니라는 말을 한다. 그런 맥락에서 보면 우리가 한국에서 배운 교육은 사실 반교육(Anti-Education)에 가깝다.

그러나 지금 당장 경쟁 교육을 하지 않는 것, 대학입시를 폐지하는 것은 사실 비현실적인 구상일 수도 있다. 하지만 4차 산업혁명이라는 커다란 변화가 이미 온 지금, IT에 기반한 3차원 메타버스 플랫폼을 활용해 '진짜 공부'에 대한 경험과 방향성을 제시해줄 필요가 있다고 생각한다.

공부는 인내하는 것이 아니라 즐거운 것이다. 이 사실을 깨닫는 경험 속에서 몰입력과 성취감이 쌓인다. 우리는 여행과 같은 직접경험과 책과 같은 간접경험이 자녀들에게 필요하다는 것을 안다. 하지만 현재의 시간과 장소의 제약 그리고 경제적 상황 때문에 여행이라는 직접경험은 한계가 있다. 그리고 디지털 환경에 익숙한 아이들에게 책을 읽어서 간접경험을 쌓으라는 것도 한계가 있다.

이러한 부정적인 부분을 극복하고 긍정적인 방향으로 교육할 수 있는 기회가 왔다. 인공지능(Artificial Intelligence, AI)과, 로봇, 모든 사물을 연결하는 인터넷(Internet of Things, IoT)과 빅데이터(Big Data) 등은 3차원 메타버스 플랫폼 안에서 융합해 교육의 근본적인 변화를 가져오고 있다고 생각한다.

이제 아이들은 주제 중심의 문제해결 학습을 통해 다방면의 책과 자료를 읽고, 토론하고, 글쓰기로 정리하면서 교과의 경계를 허무는 학습을 할 수 있다. 또한 프로젝트 학습, 현상 기반 학습 등을 몰입형 3차원 메타버스 플랫폼을 활용해 수행할 수 있다. 이를 통해 아이들은 실제 경험하고 관찰하는 '현상'에서 질문을 발견하고 직접 의견을 말하며 문제를 해결해 가는 '협력적 문제해결 능력'을 갖출 수 있다. 즉 ICT(Information and Communication Technology) 기반의 오프라인 수업과 3차원 메타버스 플랫폼 활용을 병행해서 말이다.

이 경험은 진짜 공부가 무엇인지 알려줄 수 있다. ICT와 메타버스 플랫폼을 활용한 공부를 하면서 이제는 이를 통해 언제 어디서든 저렴하고 쉽게 배우는 것이 가능해지고, 더불어 나와 관심사가 비슷한 사람들과 연결될 수 있을 것이다. 공부하는 과정 자체가 하기 싫은 것을 참아내는 고통이 아니라 즐거움이 될 수 있으며, 내가 배우고 싶은 분야에서 앞으로 나아가는 하나의 방법이라는 점을 알게 된다. 왜 공부하는지 안다면 그때부터 공부는 자연스럽게 재미있어질 것이다.

물론 때때로 두려움과 불안감에 위축되고 정신적인 고통을 겪을 수 있다. 하지만 작은 도전과 실패와 성공의 경험이 계속해서 나아갈 수 있는 마음의 근력을 만들어주고, 공부가 성장에 도움이 된다는 강력한 믿음을 심어준다.

다른 학습 방식과 다른 성공의 방식

현재 한국에서 드물지 않게 발생하는 청년 자살의 비율은 압도적으로 높다. 자료만 보더라도 우리의 청년 자살률은 세계 평균의 3~4배다. 10대에서 30대 사이 한국 청년들의 사망원인 1위가 자살이다. 왜 청년 자살률이 높은지는 누구나 추측할 수 있다. 자살 비율이 높은 원인은 《젊은 베르테르의 슬픔》의 주인공 베르테르처럼 실연의 아픔 때문에 자살을 한다거나 키르케고르의 《죽음에 이르는 병》을 읽고서 삶의 허무를 자각하고 자살을 하기 때문이 아니다. 바로 '살인적인 경쟁' 때문이다. 경쟁으로 인한 과도한 스트레스가 청년 자살로까지 이어진다. 최근 통계에 따르면 청소년 3명 중 1명이 자살 충동에 시달리고 있다고 한다. 한마디로 우리는 모두 살기 힘든 사회, 고통이 너무나 큰 사회에 살고 있다.

게다가 우리 아이들이 마주칠 미래 사회에서는 인공지능 기술의 발달로 많은 일자리가 로봇이나 인공지능으로 대체될 것이다. 아이들은 인간다운 참모습과 관련 깊은 공감력, 소통력, 문제해결 능력, 창의력에서마저 경쟁력을 잃게 될 것이다.

김누리 교수는 '경쟁의 덫에 걸린 한국 교육'의 문제점을 책을 통해 설명한다. 많은 사람들이 그다지 심각하게 생각하지 않지만 이른바 '글로벌 스탠더드'의 관점에서 보면 상당히 시대에 뒤떨어진 세 가지 점을 언급했다.

먼저 첫 번째는 인권 감수성의 부재다. 기본적으로 '사람'에 대한 예의가 정말 부족하다고 한다. 두 번째는 소비주의 문화의 팽배다. 독일에서는 소비할 때 죄책감을 느낀다고 하는 사람들이 많다고 한다. 하지만 한국처럼 소비주의가 이렇게 전면적으로 아무런 비판 없이 번창하는 나라는 세계 어디에도 없다고 말한다. 지구는 다음 세대, 또 다음 미래세대들이 살아야 할

터전이므로 그들에 대한 최소한의 책임 의식을 가지고 생태적 감수성을 높이는 교육이 절실하다고 한다.

세 번째는 성교육의 부재다. '성(性)'이라는 것은 생명과 관계되고 인권과 관련된 중요하고 예민한 영역이다. 그렇기에 성과 관련해 충분한 책임 의식을 갖게 하는 교육이 필요하다는 것이다. 그렇다고 성을 터부시해서 아이들의 내면에 죄의식이 생기게 해서는 안 된다. 이렇게 성에 대해 건강한 의식을 가진 성숙한 사람들로 이루어진 공동체가 바로 민주주의의 출발점이라는 생각이 든다.

이러한 현실 상황에서 메타버스를 활용한 학습은 멀리 가지 않고도 지금 있는 이 자리에서 충분히 가능하다. 아이들이 다양한 직·간접경험과 아바타를 활용해 다국적 인간관계를 맺으며 더욱 적극적이고 주도적으로 상호작용해 결과를 만들어낼 수 있다. 이런 능동적인 경험의 기반 아래 아이들은 경쟁의 덫에 갇히지 않고, 꿈을 찾아가며, 근시안적 사고가 아닌 진정한 글로벌한 사고 확장으로 높은 문제해결 능력을 획득해나갈 것이다.

시민의식까지 높은 융합형 인재

《최종경고 : 6도의 멸종》(마크 라이너스, 김아림 역, 세종서적, 2022)의 저자는 기후변화에 대한 '암묵적인 부정'을 향한 경고로 책을 썼다. 그러면서 탄소 배출량 감축이 이뤄지지 않았을 때를 전제로 예측을 했다. 기온이 1도 상승한 오늘날의 세계에 대해서는 불타는 호주, 극단적인 남극 폭염, 서아프리카와 북아프리카의 가뭄 등을 언급했다. 2030년도는 2도 상승한 기후를 예측했다. 이때는 북극 해빙이 사라지고, 세계적인 가뭄과 뎅기열로 인해 1만 2천 명의 사망자가 발생할 수 있다고 한다. 2050년에는 기온이 3도 상승해 매우 심각한 세계 식량 위기와 아마존 열대우림의 붕괴 등을 예측하면서 데이터를 근거로 예측의 정확도를 높였다.

2030년도, 2050년도는 우리 자녀 세대가 활발히 이끌어나갈 시대다. 물론 지구 위기의 심각성을 오프라인 매체인 책을 통해서 상상하고 자료를 찾아서 간접적으로 경험할 수 있지만, 3차원 메타버스 안에서 직접적으로 경험하고 기후 관련 시민운동에 참여해 나아가 수백만 명의 시민이 거리로 나올 수 있다면, 각국의 정부는 더 이상 기후 비상사태를 무시할 수 없게될 것이다.

미국의 철학자이자 교육 사상가인 존 듀이(John Dewey)는 "도구(기술)가 지배자가 되어 파멸적으로 행동하고 있다… 도구가 생각(의사)을 가지고 있기 때문이 아니라, 사람이 생각을 가지고 있지 않기 때문이다"라고 말했다. 3차원 메타버스 플랫폼을 통해 우리 아이들이 '생각하는 힘'을 기르기 위한 학습과 체험으로 그 학습이 시너지를 내고, 융합의 에너지를 낼 수 있도록 돕고 싶다. 우리 아이들이 사고력과 창의력을 키우는 도구로 메타버스 플랫폼을 이용한다면 진정한 미래 교육을 준비할 수 있을 것이다.

페이스북이 '메타'로 회사명을 바꾼 이유를 아는 부모인가

페이스북이 익숙한 이름을 그만 쓰는 이유

2021년 10월, 페이스북의 CEO 마크 저커버그는 창업 17년 만에 회사명을 '메타(Meta)'로 변경한다고 밝혔다. 그는 이름을 바꾸면서 페이스북이 앞으로 메타버스 기업으로 인식되기를 희망한다고 말했다. 저커버그는 사명을 바꾼 이유를 '페이스북'이 하나의 제품만을 나타내고 있어서 다양한 일을 하고 있는 전체 회사를 대표하기 어렵기 때문이라고 밝히고 앞으로 '메타'는 메타버스 기업으로 거듭날 것을 선언했다.

저커버그의 선언대로 과연 메타가 과거와 결별하고 새로운 테크기업으로 변신할지는 지켜봐야 하겠지만, 저커버그는 가상환경에서 사람들이 VR헤드셋을 사용해 일하고, 게임하며,

소통할 수 있는 온라인 세계 '메타버스'를 구축할 계획을 야심차게 준비 중인 것으로 보인다. 이에 발맞추어 로고도 무한대를 상징하는 파란색 '시그마(∞)' 기호 모양으로 교체하고 공개했다. 저커버그는 '메타'라는 새로운 이름이 미래에서는 현 페이스북의 역할을 충분히 대체할 뿐만 아니라 더 큰 의미로 미래를 이끌어가는 주요한 플랫폼으로 거듭날 것이라고 말했다.

'메타'라는 말은 '저 너머(Beyond)'라는 의미의 그리스어에서 유래했는데 메타버스는 VR의 한 버전처럼 보일 수 있지만, 앞으로는 이 개념이 인터넷의 미래가 될 것이라고 보는 사람들도 많다. IT업계 일부에서는 메타버스의 시장성이 아직 보이지 않아 페이스북의 행보를 낮추보는 경향이 있다.

하지만 페이스북은 도약대로서의 역할을 강조했다. 페이스북 관계자는 "페이스북은 메타버스 시대를 앞당기는 점프 스타터 역할을 하기 위해 노력할 것"이라고 말했다. 굳이 저커버그의 새로운 도전 때문이 아니더라도 이제 미래의 모든 분야는 메타버스 시대로 점프 스타터가 되는 듯 보인다. 그렇다면 이제 우리 아이들에게도 기존 교육 방식에서 벗어나 좀 더 확장되고 열린 경험을 제공해야 하지 않을까?

2030 메타버스 배경 속 대학 강의

나는 대학교에서 학생들을 가르치는 일을 하고 있다. 오늘은 10시부터 2시간 동안 학부 수업이 있다. 나는 시간에 맞춰 미리 디자인해둔 가상 강의실에 학생들을 초대했다. 학생들은 도착하자마자 새롭게 꾸민 강의실을 보고 깜짝 놀라는 모습이다. 미리 벌어두었던 메타버스 코인으로 공간과 소품을 구매해서 강의실을 꾸며놓은 보람을 느낀다.

가만히 내버려 두면 수업 시간 내내 떠들 것 같아서 학생들을 진정시킨 후, 그들의 머리 위로 시선을 돌렸다. 학생들의 머리 위에는 상태창이 떠 있다. 상태창에는 과제를 했는지, 수업 자료를 미리 읽고 왔는지, 출석을 잘하고 있는지 등 다양한 강의 관련 정보들이 담겨 있다.

강의실이 조용해지자 나는 '메타버스에서 하이테크 기업이 살아남기 위해서'라는 주제를 가지고 수업을 시작했다. 간단한 강의가 끝나고 우리는 '하이테크 기업의 플래그십 스토어에서 고객들에게 어떤 경험을 줄 것인가'를 주제로 팀별 토론을 진행했다. 토론에 조금 더 집중하기 위해서 나는 강의실을 스타벅스 카페 형태로 바꿨다. 금세 학생들은 삼삼오오 테이블에 모여 열띤 토론을 벌인다.

1시간가량 진행된 토론이 끝나고 나는 다시 가상 강의실의 환경을 바꿨다. 이번에는 애플 플래그십 스토어를 복제한 새로운 가상 강의실에서 학생들이 벌인 토론 내용에 관해 피드백을 진행했다. 놀이터, 카페, 플래그십 스토어를 오가는 수업, 가상세계 메타버스가 없었으면 상상도 못 했을 일이다. 학생들을 보내고 수업의 핵심 클립 몇 개를 메타버스에서 공개 대학을 운영하는 기업이 활용할 수 있게 허용해 주는 것을 끝으로 오전 수업을 마쳤다. 물론 2만 메타버스 코인은 덤이다.

— 김상균·신병호, 《메타버스 새로운 기회》, 베가북스, 2021, 18~19쪽

이 이야기는 두 저자가 2030년 메타버스에서 살아가는 평범한 사람을 주인공으로 쓴 글이다. 이 이야기 속에는 증강현실, 거울세계, AR, 라이프로깅 등 다양한 메타버스 세계를 현실에서 경험하며 사는 사람들 모습이 그려진다. 저자들이 그린 미래의 현실 모습이 마치 SF소설에 나오는 비현실적인 이야기로 비칠 수도 있지만, 분명히 이 모습은 머지않은 미래에 우리에게 닥칠 현실이라고 할 수 있다.

과연 나는 메타버스 시대에 맞춰 교육시키는 부모인가

메타버스가 발전하면서 세상을 주도하는 기업들은 점차 미래산업 지형을 예측하고 준비하고 있다. 세상이 변화하는 속도는 평범한 우리가 생각하는 것 이상으로 매우 빨라지고 또 급

격히 변하고 있는 중이다. 그러므로 이런 변화를 나와 우리 자녀와는 관계없는 이야기로 치부해버리거나 아직은 먼 일이라고 생각하면 어느 순간 도태될 수도 있다. 그만큼 세상의 변화 속도가 무서울 정도로 빠르기 때문이다.

특히 IT 기술력의 발전은 사람들이 인식하는 것보다 빠르고 사람들이 기술을 자신의 삶에 받아들이는 속도도 이에 맞게 빨라지는 중이다. 혁신과 변화가 있으면 필연적으로 낙오하는 사람이 생기기 마련이다. 나와 비슷한 세대의 학부모들은 아날로그 시대와 디지털 시대를 모두 경험한 세대다. 그렇기 때문에 시대 변화의 흐름을 미리 읽고 우리 자녀의 교육에 대비해야 한다.

메타버스란 무엇이고, 어떻게 세상을 변화시킬 것이며, 어떤 기술과 어떤 기업의 경영 방향을 살펴보며 그에 맞춰 새로운 시대에 우리 자녀들로 하여금 어떻게 대비하게 해야 할지 공부해야 할 때가 온 것이다. '메타버스'를 아는 부모와 모르는 부모의 차이는, 어쩌면 앞의 책 제목처럼 '새로운 기회'를 줄 수 있는 부모와 그렇지 못한 부모로 나뉠 수도 있을 테니 말이다.

3차원 메타버스를 통해
비전과 목표를 찾아낸다

3차원 메타버스를 통해 비전과 목표를 찾다

며칠 전 남편과 아침을 먹다가 '메타버스' 프로그램 이야기를 나누게 되었다. 남편은 코로나19가 점점 끝나가면서 사람들이 다시 대면으로 돌아오기 시작했는데, 이 시기에 가상과 비대면이 중심이 되는 '메타버스'에 대한 관심이 계속 이어지겠냐고 물었다. 나는 단기적 현실에서는 관심 밖의 상황이 되었을지 몰라도 큰 흐름의 줄기는 바뀌지 않는다고 확언했다. 책과 논문을 통해 메타버스를 공부해나가면서 장기적으로 메타버스로 가는 방향은 멈추지 않을 것이라는 확신이 들었기 때문이다.

《히트 리프레시》(최윤희 역, 흐름출판, 2018)의 저자 사티아 나델라는 미래에 각종 산업의 형태를 이룰 세 가지 핵심 기술이 혼합현실, 인공지능, 양자컴퓨터 기술인데, 이 세 기술이 우리 경제와 사회에 엄청난 변화를 일으킬 것이라고 말한다. 혼합현실은 인간의 시야를 컴퓨터 화면으로 대체해 디지털 세상과 물리적 세상을 하나로 합치는 기술이다. 인공지능은 인간의 모든 경험에 동력을 공급하고 통찰과 예측 능력을 활용해서 우리 힘만으로 도달하기 불가능한 수준까지 인간의 역량을 증가시킨다. 양자컴퓨터는 기존의 컴퓨터를 근본적으로 바꾸어 세계에서 가장 거대하고 복잡한 문제를 해결할 수 있는 엄청난 컴퓨팅 파워를 제공함으로써 무어의 법칙(Moore's Law)을 뛰어넘을 길을 열어줄 것으로 기대한다.

현재는 혼합현실과 인공지능 그리고 양자컴퓨팅이 독립적인 흐름일지 모르지만 앞으로는 하나로 연결되면서 3차원 메타버스도 더욱 발전할 것이다. 변화는 중립적이어서 그 자체가 좋거나 나쁜 것은 아니다. 내가 준비를 해놨으면 기회가 되고, 그러지 않았으면 위기가 될 뿐이다. 그렇다면 복잡한 기술의 변화를 불평하는 것보다는 준비하는 자세가 필요하지 않을까?

"살아가야 할 '이유'를 아는 사람은 어떤 삶의 '방식'도 이겨낼 수 있다"라고 니체는 말했다. 미래를 창조하는 공식은 없다. 교육은 우리 아이들이 자신만이 해낼 수 있는 역할에 대해 완벽한 비전을 갖추도록 이끌어주며, 그다음에는 성장할 수 있도록 목표와 역량으로 비전을 뒷받침해야 한다.

혼합현실을 경험하며 자유, 몰입도, 성취감을 키운다

우리 아이들은 디지털 원주민(Digital Native) 세대로, 태어날 때부터 디지털 환경에서 자랐으며, 새로운 가치관과 라이프스타일을 가지고 있다. 어린 시절부터 디지털 기기와 인터넷을 사용했고 이런 모습은 생애 내내 지속될 것이다. 그렇다면 미래에는 언젠가 현실과 가상 세계가 합쳐진 혼합현실의 원주민이 등장하게 되지 않을까 생각해 본다.

'마이크로소프트 홀로렌즈(Microsoft HoloLens)'는 마이크로소프트사가 개발한 혼합현실 기반 웨어러블 기기다. 완전한 가상 화면을 보여주는 가상현실(VR)이나 실제 화면에 덧씌우는 증강현실(AR)과 달리, 윈도 홀로그래픽(Windows Holographic) 기술을 이용해 현실 화면에 실제 개체의 스캔된 3D 이미지를 출력하고 이를 자유롭게 조작할 수 있는 혼합현실을 내세운다.

처음 홀로렌즈를 개발해 시연할 당시 빌 게이츠는 이 제품에 회의적이었다고 한다. 하지만 빌 게이츠가 홀로렌즈를 직접 착용하고 눈앞에 펼쳐진 생생한 화성의 모습을 직접 체험해 보고 난 뒤에 마음을 바꿨다는 내용의 메일을 마이크로소프트사의 CEO와 임원들에게 보냈다고 한다. 이후 홀로렌즈 기술을 통한 메타버스 플랫폼은 단순히 기계가 무엇을 보여주는지를 추적하는 데서 시작해서 계속 발전해 오고 있다.

어느 오스트레일리아 학생은 자폐증 환자의 눈에 비친 세상을 다른 사람이 이해할 수 있도록 혼합현실 애플리케이션을 제작했다고 한다. 제작한 앱에서는 자폐증 환자가 왜 사회성이 부족한지 그 원인과 심리 상태를 보여줘서, 자폐 환자의 마음을 이해하는 데 도움을 준다고 한다.

나 역시 공부방에서 현실과 가상을 융합한 수업을 시도해 보면서 학생들의 몰입도와 성취감이 두 배 이상 높아진 것을 경험해 왔다. 아직까지 그 몰입도와 성취감이 개인적인 차원의 경험에만 머무는 것이 아쉽다. 그래서 나는 학생들이 메타버스 안에서 많은 경험을 통해 다른 학생들과 감정을 공유하고, 아바타 자체로만 느끼는 게 아니라 현실 세계에서도 똑같이 휴먼터치의 감정을 느끼게 하고 싶었다. 아직까지는 그 단계까지 가는 기술이나 방법이 명확하지 않지만 계속 고민 중이다.

실제와 가상의 혼합현실 경험 더 부각시키기

많은 학생들이 현재 자신과 타인의 감정을 이해하고 표현하는 데 어려움을 겪고 있음을 느낀다. 이것이 안타까운 이유는 자신과 타인의 감정을 이해하고 표현하는 능력이야말로 미래 필수 역량이기 때문이다. 아무리 메타버스, 가상현실, 인공지능의 시대가 오더라도 공감과 소통은 필수 불가결한 요소다. 더구나 자라나는 학생들에게는 더 필요한 역량이기도 하다. 미래 교육학자 아담 구스타인(Adam J. Gustein)과 존 스비오클라(John Sviokla) 교수도 이 점을 강조했다.

그들은 메타버스 시대에 어린이, 청소년이 갖춰야 할 미래 역량으로 커뮤니케이션 능력, 콘텐츠 전문성, 맥락에 대한 이해, 정서적 역량, 성장을 담보로 하는 교육, 연결성, 윤리성을 꼽았다. 여기에 추가로 중요한 것은 컴퓨터 없이 자신과 타인의 감정을 이해하고 표현하는 능력이다. 물론 감정을 인지하고 공감하며 표현하고 소통하는 능력은 이전부터 결정적인 역량으로 여겨졌다. 하지만 메타버스 시대에 이러한 역량을 기반으로 나아간다면, 시간이 흐를수록 그 가중치 역시 더욱 높아질 것이며, 진정한 혼합현실 원주민으로 세상에 기여하는 인재가 될 것이라 확신한다.

2장

영어 공부방 수업이
아이들에게
가져온 변화

레벨과 관심에 맞는
맞춤형 수업으로

등록시킬지 말지 고민이 되었던 A

2021년 10월, 어머님과 함께 학원에 상담 온 A를 처음 만났다. A는 예의 바르고 성실해 보였지만 표정이 상당히 어두웠다. A에게 질문을 해도 "모르겠습니다"라는 답변만 돌아왔다. 몇 가지 질문 후 기존 학원 방식대로 조용히 레벨 테스트를 치렀다. 어머님도 별말씀 없이 옆에서 A가 문제 푸는 것을 조용히 지켜보셨다. 고1이었지만 기본적인 문장도 제대로 이해하지 못했고, 리스닝, 리딩, 어법 영역의 테스트 결과도 최하위였다. 솔직히 말해 과연 A를 학원에 등록시켜야 할지 말지 고민하게 되었다.

A의 어머님은 작은 목소리로 A에게 먼저 집에 가라고 말했

고, 나와 더 상담을 하고 싶다고 했다. A가 나가자마자 어머님은 가정사를 솔직히 털어놓았다. 남편과 이혼을 했고, 한동안 A는 아버지와 살았다고 했다. 하지만 A는 아버지와 함께 살면서 잦은 의견 충돌로 힘들어했으며, 아들의 힘들어하는 모습에 최근에 어머님은 A를 데리고 와서 둘이서만 함께 살고 있다고 했다. 그러면서 A의 어머님은 눈물을 흘렸다. 본인도 혼자서 생계를 책임져야 하는 일이 막막했지만, 아들이 부모 때문에 심리적으로 더 많이 힘들어하는 상황을 그대로 두고 볼 수만은 없었다고 했다.

영어도 초등학교 때부터 공부방 형태로 꾸준히 했지만 A가 아버지와 살면서 공부가 하기 싫다고 영어뿐만 아니라 다른 과목도 손을 놓았다고 말했다. 이혼 전 A는 친구들과도 잘 어울리고 대화도 잘하는 긍정적인 학생이었다고 했다. 하지만 이혼 후에 아버지와 살면서 잦은 다툼도 있었으며, 어머니와도 관계가 소원해지면서 마음의 상처가 심해졌고 표정도 어두워졌다고 했다. 현재는 어머님과도 대화를 거부하는 상태였다.

곧 어머님은 A의 마음도 다독여주면서 영어를 코칭해줄 것을 부탁했다. 나는 어머님을 다정하게 포옹해 주면서 "그동안 A를 키우시느라 수고하셨어요! 저를 믿고 우선 6개월 정도 맡겨보시면서 지켜봐주세요! 최선을 다해 코칭할게요!"라고 말했다.

첫 수업, 첫 한 달!

나는 수업 첫날 A에게 세 가지 약속을 받아냈다. 첫 번째는 초등 어휘부터 초등 전 과정 복습하기, 두 번째는 수업 시간 150~180분을 10분의 휴식 시간을 제외하고 집중할 것, 세 번째는 숙제는 무조건 해서 올 것. 나는 A에게 몰입의 즐거움을 느끼게 해주고 싶었다. 예전에 내가 대학 자퇴서를 내고 마음이 너무 힘들고 복잡한 생각이 많이 들었을 때, 편입 공부를 하면서 얻었던 몰입 경험과 성취감이 큰 자산이었다는 것을 느꼈기 때문이다.

A에게도 첫날 수업에 나의 과거 이야기며 불행했던 과거사를 얘기했고, 왜 현 상황에서 몰입을 해야 하는지 그 필요성을 설명했다. 다행히 A는 고개를 끄덕이면서 동의했고, 나와의 약속을 지키겠다고 했다.

첫 수업은 레벨별 수업이다 보니 초등 고학년과 진행했다. 초등학생들과 함께 영어 단어의 어원, 8품사, 문장구조를 스토리텔링하듯이 설명해 주었다. 그리고 가장 간단한 한글 10문장을 보고 영어로 영작하는 연습을 시켰고, 어휘도 초등 1학년부터 시작하는 기초적인 단어를 첫 수업 때는 30개를 큰 소리로 따라 말하고, 듣고, 받아쓰기 연습을 시켰다. 첫 수업 때는 수업 내용을 설명해 주는 데만 60분이 걸렸고, A가 한글 10문장을 영작하는 데 50분 이상 걸렸다. 초등 어휘 30개를 다 완성하느라 수업 시간 3시간이 훌쩍 지나갔다. 학원 수업이 없는 날에는 2시간씩 공부할 수 있는 분량의 숙제를 내주었다. A는 초반에 수업을 따라오는 것조차 벅차했지만, 나중에는 수업 때는 물론 쉬는 시간에도 동요 없이 몰입해서 영어를 해나갔다.

영어 공부에도 골든타임이 있다

A가 새로운 고등학교로 전학 와서 처음 치른 2학기 중간고사 영어 내신 점수는 19점이었다. 나는 A에게 다음번 2학기 기말고사 대비는 준비하지 않겠다고 했다. 왜냐하면 시험을 볼 수 있는 영어 학습 역량이 안 됐기 때문이다. 대신 고2의 1학기 중간고사 때는 30점에서 50점 이상 올려줄 수 있다고 A에게 확신을 심어주었다. 그러고 나서 나는 11월 한 달 동안 초등 과정을 완성시켰다.

12월과 1월 두 달 동안은 겨울방학 특강을 활용해 중학교 과정을 완성시켰다. 수강료 외 콘텐츠며 교재비만 10만 원에서 20만 원 이상이었다. A의 어머님도 수강료 금액이 부담된다고 했지만, 지금이 A의 영어 실력을 올리는 '골든타임'이며 내가 A에게 코칭하는 수강료 대비 3~4배의 가치적인 부분을 언급하며 설득했다. 그만큼 A에 대한 나의 마음은 간절했다. 정말 도와주고 싶었다.

다행히 A는 3달 동안 내가 계획했던 로드맵을 다 소화해냈다. 첫 달은 이해력이 떨어져 그 쉬운 초등 과정도 소화하기 벅차했지만, 두 달째부터는 문해력이 높아지고 있다는 것을 나는 느꼈다. A가 여가 시간에 무엇을 하며 지내는지 우연히 물어보았다.

나는 다른 학생들이 많이 하는 유튜브나 컴퓨터 게임을 한다고 답할 줄 알았다. 그런데 A는《논어》와 같은 철학책이나《해리포터》시리즈와 같은 판타지 소설을 읽고 있다는 것이다. 너무 놀라서 왜 그런 책들을 읽게 됐는지 물었더니 A의 대답은 "사람들의 심리를 알고 싶어서요!"였다. 나는 그 대답을 듣고 신이 나서 어휘를 고등 수준으로 올렸고, A의 고등학교 영어 교과서를 기반으로 읽고 해석하는 연습을 꾸준히 시켰다.

3월 중순쯤 되자 A는 시험 범위에 해당하는 교과서 빈칸을 어느 정도 외웠고, 기본 객관식 문제를 통해 문장구조와 내용 추론도 익혔다. A도 스스로 문제를 풀면서 성취감과 자신감을 얻었다. 그리고 외부 모의고사 지문도 교과서 방식대로 코칭을 받으면서 자기주도식 학습을 해나갔다.

나와 A는 시험 보기 전날 공부방에서 시험 범위를 공부했고, 부족한 부분은 줌(ZOOM)으로 새벽까지 마무리했다. 영어 시험을 치른 후 A는 나에게 카톡을 보내왔다. 첫 문장은 "감사합니다! 저 영어 시험 79점 받았어요! 평생 제 가슴속에 고마운 분으로 남으실 거예요!"였다. 눈물이 핑 돌았다. 그리고 바로 A에게 전화를 걸었다. "믿고 따라와줘서 고마워요! 선생님도 여러 상황이 힘들었는데, A를 코칭하면서 몰입했고 행복했어요! 선생님이 1학기 기말고사는 90점 넘게 해줄게요!"라고 말했다.

레벨과 관심에 맞는 맞춤형 수업에 자신감을 얻다

A는 새로운 꿈이 생겼다. 경찰이 되는 것이다. A도 누군가를 도와주고 싶고, 남을 도와줌으로써 보람을 얻고 싶다고 했다. 나는 A가 꿈과 목표를 찾았기에 더 열심히 코칭해서 도움을 주려고 한다.

우리의 얼굴은 제각각 다 다르다. 얼굴뿐만 아니라 성품도, 성격도, 또 능력치도 다르다. 특히 학습이나 학업 역량은 아주 미세하게 차이가 나는 게 현실이다. 따라서 수준에 맞는 맞춤형 학습, 맞춤형 수업을 제공한다면 학생들은 저마다 작은 성취를 느끼면서 다음 레벨의 학습으로 도약할 수 있는 자신감과 학습 동기도 얻을 수 있게 된다. 수준별 학습 코칭이 가져오는 장점이 얼마나 중요한지 나는 A를 가르치면서 더욱 확신하게 되었다.

과거에 내가 배우고 가르쳤던 '같은 학년끼리', '한 반에 10명

넘는' 학생들을 코칭하는 방식은 이제 벗어나야 한다. 지금은
일대일 개별 맞춤 수업으로 각자에게 맞는 방식의 동기부여가
필요한 때다.

TED, 세바시 등 강연이
논술 머리 확장으로 이어진다

한국어도 영어도 모두 기초 수준이었던 C

내가 C를 만난 것은 2021년 1월이었다. C는 중국인 어머니
와 한국인 아버지 사이에서 태어났다. 당시 고1이었던 C는 초
등 4학년까지 한국에서 다닌 뒤 혼자 중국으로 건너가 대안학
교를 2년 다니면서 중국어를 배웠다고 했다. 그리고 나서 중학
생이 되는 시기에 캐나다로 가 2년간 현지 학교에 다녔다. 중국
에서도 혼자, 캐나다에서도 혼자 학교생활을 하던 C는 코로나
19로 캐나다 학교가 줌으로 수업을 진행하다 보니 휴학을 하고
부모님이 계시는 한국으로 온 터였다.

C는 우리 학원 레벨 테스트에서 가장 낮은 기초반이 나왔다.
캐나다에서 영어를 과연 배웠나 싶을 정도로 알파벳만 아는 수

준이었다. 문제는 한국어 실력도 마찬가지로 아주 기초에 머물러 있다는 점이었다. 아버지가 한국 사람이었지만 한국어조차도 기본 문장, 쉬운 문장만 간신히 이해하는 수준이었다. 함께 온 어머니는 C를 데리고 여러 학원을 돌아다녔지만, 일대일 개별 맞춤 수업을 해주는 곳도 없고, 코로나19가 끝나면 캐나다로 돌아간다고 하자 많은 학원에서 입학을 거부했다고 했다.

나는 C와 따로 이야기를 나눴다. 어떤 부분을 도와주길 원하는지 물었다. C는 캐나다에서 영어로 수업을 받을 때 제대로 알아듣고 말하며 혼자 힘으로 프레젠테이션을 하는 수준 정도가 되기를 바란다고 했다. 나는 C에게 나와 1년간 꼬박 하루 3~4시간씩 영어 수업을 하고, 숙제를 포함한 영어 공부를 그만큼 더 하겠다고 약속해줄 수 있는지 물었다. 나는 그렇게 나와의 약속을 지키면 영어 실력을 바라는 대로 높여주겠다고 했다. C는 그렇게 하겠다고 약속했고, 우리의 영어 인연은 이렇게 시작되었다.

영어, 발음부터 교정하다

나는 C에게 먼저 영어 알파벳의 24개 음소 단위부터 설명했다. 유튜브 강의 영상을 이용해서 영어의 음소가 어떻게 들리고 말해지는지를 직접 따라 하고 내뱉도록 코칭했다. 예를 들어 유튜브에서 원어민의 발음을 들려주고 한국어와의 차이점을 설명해 주었다. 이때는 오른손은 배에 대고 왼손은 목에 대서 울리는 소리, 새는 소리, 떨리는 소리 등을 직접 느껴보도록 했다. 처음 한 달 동안 C는 수영을 배우듯 발성법을 직접 몸으로 익혔다.

내가 이렇게 몸으로 익히도록 코칭했던 이유는 C의 영어 발음에 중국식 억양과 한국식 억양이 섞여서 강하게 들렸기 때문이다. 나도 공부방을 하기 전 영어 트레이닝을 받을 때, 원어민으로부터 특정한 부분의 발음이 상당히 강하다는 지적을 받은 적이 있다. 그런 강한 영어 발음을 어떻게 고쳐야 할지 수많은 시행착오를 겪었기 때문에 C의 영어 발음을 제대로 코칭할 수 있었다.

영어는 숨을 깊게 들이마시고 배에서부터 깊은 호흡으로 나와서 말해야 발성이 정확해지고 억양이 살아난다. 그러기에 우리가 영어를 말할 때 오페라 가수가 된 것처럼 생각하며 입도 크게 벌리고 노래하듯 내뱉어야 한다. 그리고 영어는 물론 외국어지만 모국어를 배우듯이 해야 하므로, 엄마의 말을 따라 하듯이 꾸준히 유튜브 영상을 보면서 따라 말하고 흉내 내는 연습을 C에게 계속 시켰다.

다행히 C는 캐나다에서 영어에 노출된 경험이 있었기 때문에 내가 왜 이런 방식으로 수업하는지 이해했다. 무엇보다도 한국에는 친한 친구가 없고 딱히 할 일이 없어서인지 영어에만 집중할 수 있게 되었다. 그 사실을 알게 된 뒤로는 C가 교실에 남아 학원 마감 시간까지 영어 연습을 계속 할 수 있도록 했다. 그렇게 하루에 6~7시간씩 영어 연습에 몰입하니, 한 달 정도 지나자 영어 발음과 억양이 상당히 향상됐다.

TED와 유튜브 강연으로 동기부여와 자신감 쌓기

그다음 단계는 한글로 씌어진 기본 문장과 확장 문장을 영어로 말하고 쓰는 훈련을 하게 했다. 말하자면 통번역을 하듯이 한글 문장을 보고 3초 이내에 영어로 말하는 연습을 꾸준히 시킨 것이다. 한글 문장이나 영어 문장을 이해하지 못할 때는 구글 번역을 통해 중국어로 뜻을 이해하게끔 했다. 이런 방식의 수업으로 중국어에 비해 상대적으로 문맥을 파악하고 의미를 헤아리는 능력이 떨어지는 한국어와 영어의 문해력을 높이는 데 주력했다.

문해력을 익히기에는 책을 읽는 것이 가장 좋은 방법이었지만, C에게는 소화해내기 힘든 부분이 있었기에 나는 유튜브와 TED(Technology, Entertainment, Design: 미국의 비영리 기술·오락·디자인 강연회) 강연 등 다양한 영상매체를 활용하기로 했다. 그중에서 우리가 가장 좋아했던 것은 윌 스미스의 인터뷰를 담은 유튜브 영상이었다. 〈행복을 찾아서〉, 〈핸콕〉, 〈세븐 파운즈〉 등에서 감동적인 스토리와 실감 나는 연기를 보여준 배우 윌 스미스를 우리 두 사람 모두 좋아했던 것이다. 우연히 토크쇼에서 그가 하는 인터뷰를 듣고 C도 분명히 그것을 좋아할 거라 생각해서 해당 유튜브 영상을 보여주었는데, 역시나 C는 매우 만족스러워했다. 그가 말할 때 뿜어져 나오는 강한 에너지, 확신에 찬 말투와 눈빛에서 흑인 배우로서 성공할 수밖에 없는 이유가 보였다고 말했다.

나는 윌 스미스가 말하고 있는 영상을 찾아서 그의 말을 받아 적게 하고, C한테 그의 얼굴 표정과 발성까지 똑같이 흉내 내게 코칭했다. 알아들을 수 있는 쉬운 영어를 많이 듣고, 말하고, 눈으로 봤기 때문에 C의 영어 듣기와 말하기 실력은 빠른 속도로 향상됐다.

그다음 우리가 본 영상은 《사람을 움직이는 세상에서 가장 강력한 10가지 말》(변영옥 역, 21세기북스, 2011)의 저자인 리치 디보스의 TED 강연이었다. 리치 디보스는 이 강연에서 말의 힘이 강력하다고 하면서 "말 한마디가 인생을 통째로 바꿀 수 있다"라고 강조했다. 그 영상을 보여준 이유는 C가 3개 나라에서 다양한 문화 체험을 했음에도 불구하고, 가치관이 형성되기 전에 부모와 떨어져 생활했기에 늘 기가 죽어 있고 의기소침해하고 자신감 없는 모습이 안타까웠기 때문이었다. 나는 C에게 말의 힘을 느끼게 해주고 싶었다. 그래서 영어로 리치 디보스의 TED 강연 일부를 하루 30번씩 큰소리로 따라서 말하도록 시켰다. 긍정적인 말을 지속적으로 하면 그 말이 잠재의식 속에 스며들어 C의 마음도 삶도 변화되기 시작할 것이라 확신했기 때문이다.

6개월가량을 동영상과 TED 강연을 듣고, 좋은 내용을 발췌해서 매일 30번 이상 듣고 따라 말하고 쓰기를 하니 C는 6세 아이가 모국어를 빨아들이듯이 영어 습득이 빨라졌다. 연습한 주제를 가지고 한 달 혹은 두 달에 한 번 프레젠테이션 자료를 만들어서 발표를 시켰고, 발표한 영상을 개인 밴드에 올려서 C의 부모에게 보여주었다. C의 어머니는 캐나다에서 1년 동안 배운 학교 수업보다 우리 학원 6개월 동안의 학습이 훨씬 더 큰 가치가 있었다고 말했다. C도 캐나다에서 2년 동안 배운 영어보다 우리 학원에서 배운 게 훨씬 많다며 내게 고마워했다.

저절로 공부 머리가 확장되는 경험

C는 학원에서 수업을 받으면서 영어뿐만 아니라 한국어 실력도 많이 늘었다. 영어로 진행되는 TED뿐만 아니라 한국어로 진행되는 좋은 강연을 많이 듣게 했기 때문이다. 내가 가장 잘 이용했던 한국어 강연은 〈세상을 바꾸는 시간, 15분〉(이하 '세바시')

이었다. 단 C에게는 세바시 강연을 들은 후, 강연자가 말하고자 하는 내용을 영어로 요약해서 쓰게 했다.

여러 세바시 강연 중에서 C가 가장 와닿았다고 말한 것은 2022년 2월 《그냥 하지 말라》(북스톤, 2021)의 저자 송길영의 강연이었다. 나는 C에게 학원 오기 전에 강연을 듣고 오라는 과제를 내주었다. 이후 C는 학원에서는 다른 학생들과 함께 한 번 더 같은 내용을 시청했고 혼자서 두 번을 더 반복 재생해서 보았다.

C에게 그 강연에서 가장 머리에 남는 내용이 무엇이었는지 그리고 저자의 의도는 어떤 것인지 정리해 발표해 보라고 시켰다. C는 '재사회화'라는 용어가 낯설고 이해하기 힘들어 중국어로 사전에서 의미를 찾아보았다고 했다. 그리고 난 후 세네 번 반복 재생하면서 들으니 강연자가 하는 말이 서서히 이해되었다고 했다.

C는 사람 자체가 상품화되는 시대에 자신이 살아가고 있다는 현실을 느꼈다면서 이 사실이 가장 놀라웠다고 했다. 그러면서 앞으로는 사람들이 유형이건 무형이건 '팔 것'을 갖추어야 하는 시대가 오므로 캐나다로 돌아가서 공부할 때 자기 진로를 어떻게 세우고 준비해야 할지 그리고 어떤 역량을 갖추어야 시대에 뒤처지지 않는 사람이 될지를 진지하게 고민하게 되었다고 했다. C는 평범한 일자리를 찾는 사람이기보다는 좀 더 사

회에서 주도적인 역할을 하는 사람이 되고 싶다는 포부도 덧붙였다.

C는 이를 위해서는 많은 경험을 하고 다양한 사람들과 소통할 기회가 필요한데 이때 영어로 말하고 쓰는 역량은 기본 중의 기본이 될 것이라면서 앞으로 영어 공부를 더욱 열심히 하겠다는 결심을 굳혔다고 했다. 그 강연을 듣고 C는 왜 자기가 캐나다에서 공부를 해야 하는지, 왜 부모님이 여러 나라를 경험시키고 공부하게 했는지 확실히 이해됐다고 했다.

C는 2022년 3월 캐나다 고등학교 입학시험을 줌으로 치렀는데, 아주 좋은 성적을 받아서 1년 공백의 누락 없이 고등학교 2학년으로 입학했고, 4월에는 캐나다로 출국했다. 이후 C의 소식을 들어보니 모든 과목을 프로젝트 형태로 진행하는 캐나다의 수업을 큰 어려움 없이 잘 따라가고 있다고 했다. C는 이 모든 것이 영어 공부뿐 아니라 논리적으로 글을 쓰고 발표하는 훈련을 차곡차곡 쌓은 덕분이라며 한국에서의 시간이 매우 보람 있었고 또 자신을 그렇게 '채찍질해준' 나에게 고맙다는 인사를 메일로 전해주었다.

배경지식이 쌓이면서 세상에 대한 자신감이 올라가다

C는 우리 학원에서 배운 지 13개월 만에 영어 실력뿐만 아

니라 한국어 실력도 많이 늘었다. 기본 알파벳과 자음과 모음만 겨우 구별해 내는 수준에서 캐나다 고2 수준의 영어 과제를 알아듣고 프레젠테이션을 줌으로 발표해 캐나다 고등학교 입학시험에 합격했고 지금 잘 적응해서 다니고 있다. C는 한국에 있을 때도 한국어 고등 검정고시를 영어 과목 100점을 포함해 무난히 합격했다. 그리고 정부에서 지원하는 다문화센터에서 진행한 드론 수업을 한국말로 듣고, 활동 일기를 한글로 직접 쓸 정도로 한국어 실력도 탄탄히 쌓아갔다.

게다가 TED와 세바시 강연 등을 많이 들은 덕분인지 배경지식도 날이 갈수록 쌓였다. 내가 매번 TED나 세바시 강연에 대한 질문을 하면 진지하게 답하려는 태도를 많이 보여주었다. 이렇게 배경지식이 많아지니 당연히 논술, 생각하는 머리도 좋아져서 한 가지 주제가 주어지면 그 안에서 본인 나름대로 논리적으로 추론하고 주제를 끄집어내고 결론까지 도출하는 법도 자연스럽게 몸에 익히게 됐다.

일례로 C는 마이크로소프트사의 CEO 사티아 나델라가 인터뷰한 내용을 유튜브 영상으로 본 후, '개발도상국인 인도의 이민자 사티아 나델라를 마이크로소프트사의 이사회에서 왜 CEO로 임명했을까?'를 내가 질문했을 때, C는 미국과 마이크로소프트사에 대한 정치·사회적 배경, 문화 그리고 역사와 연결 지어 "충격은 변화를 일으킨다"라면서 "리더는 외부의 기회와 내부의 역량, 문화를 읽을 수 있어야 하고, 이를 연결시킬 수 있어야 하는데 사티아 나델라는 그 리더의 역할을 제대로 할 거라는 판단하에 CEO로 발탁된 것 같다"라는 의견을 명확히 내놓아 나를 놀라게 하기도 했다.

C의 의견을 그의 어머님에게 전달했을 때, 이런 C의 변화를 보고 캐나다 등록금의 10분의 1 가격으로 10배 이상의 가치를 얻었다며 너무 고마워했다. 나는 이 사례를 통해 아이들은 스스로를 믿고, 그들에게 공부할 수 있는 환경만 만들어주면 스폰지가 물을 빨아들이듯 학습하고 받아들이며 성장한다는 생각이 들었다. C에 대한 앞으로의 발전과 행보가 너무 기대된다.

그룹수업(주1회 메타버스)의 큰 힘, 논리력과 협업력

4차 산업혁명 시대 미래형 인재의 핵심!

2016년 세계경제포럼은 21세기 미래 인재의 핵심 역량을 4C로 정의 내렸다. 4C란 창의적 혁신(Creative Innovation), 협업 능력(Collaboration), 의사소통 능력(Communication Skill), 비판적 사고 능력(Critical Thinking)으로, 주어진 문제를 타인과 소통하고 협업하며 객관적이고 논리적으로 새로운 상황을 적용해 해결하는 역량을 강조한다.

미국의 발달심리학자 로베르타 골린코프(Roberta M. Golinkoff)와 캐시 허쉬-파섹(Kathy Hirsh-Pasek)은 《최고의 교육》(김선아 역, 예문아카이브, 2018)에서 이 핵심 역량 네 가지에 콘텐츠(Contents)와 자신감(Confidence)을 추가했다. 두 저자는 "아이들이 6C 역량만 가지고 있다면 얼마든지 적응하고 충분한 경쟁력을 가질 수 있다"고 단언하면서 이 역량이란 주어진 사항을 다각도로 검토하고 깊이 있게 사고하며 자신의 견해를 만들고, 남들과 함께 의견을 나누고 소통하며 원만하게 협력하고, 의지와 끈기를 바탕으로 실패에 포기하지 않고 용기 있게 다시 도전할 수 있는 능력이라고 이야기했다.

'호기심 모락모락 꿈의 학교'에서 발견한 인재상

나 역시 아이들을 가르치는 일을 해오면서 아이들에게 어떤 역량을 키워줘야 급격하게 변하는 세상에서 아이들이 낙오되지 않고 잘 적응할 수 있을지를 늘 고민해 왔다. 내가 미래 인재상에 대한 고민을 본격적으로 하게 된 계기는 2017년 여름방학 때였다.

2015~2017년까지 나는 '호기심 연구소'라는 사회적 기업의 부회장을 맡고 있었다. 2017년 여름방학 때, 호기심 연구소는 경기마을 교육공동체와 경기도 오산 교육청의 지원을 받아 '지구를 지켜라'라는 주제로 프로젝트를 진행했다. 그 프로젝트의 이름은 '호기심 모락모락 꿈의 학교'였으며 경기도 지역 중학생 가운데 12명을 선발해 총 12회에 걸쳐 2달간 진행했다.

프로젝트 홍보는 SNS로 했고, 지원한 학생 가운데 인터뷰를 통해 12명을 선발했다. 선발된 학생들의 관심 분야는 미술, 음악, 요리, 축구, 화학, 수학, 조립, 미용 등 다양했다. 프로젝트를 이끄는 선생님들 역시 IT 연구원, 미술 전공자, 학습 진로 컨설턴트, 영어 강사, 셰프, 코딩 전문가 등 다양하게 구성되었다.

두 달간 진행된 프로젝트 가운데 가장 기억에 남는 것은 물과 대기오염 영상을 보고 지구환경 오염의 실태와 이를 해결하는 대책안을 마련하는 수업이었다. 학생들은 수질오염 해결 방안으로 '정수기'와 태양광을 이용한 '거북선'을 만들었는데 그 융합 방식이 정말 기발했다. 처음 프로젝트는 6명씩 두 그룹으로 나뉘어서 했는데, 그중 한 팀에서 '정수기'를, 또 다른 팀은 '거북선'을 만들었다.

그렇게 각 팀은 정수기의 필터 원리, 태양전지의 원리 및 태양광 에너지에 대한 정보를 수집하고 적용해서 만들어나갔다. 완성 후에는 가까운 공원으로 나가 흐르는 개천에서 정수기와 거북선이 실제 잘 작동하는지 실행해 보았다. 아이들은 본인들이 직접 만든 작품이 실제 작동되니까 다들 초등학생이 된 것처럼 흥분을 감추지 않았고, 서로 활짝 웃으며 장난치고 신나게 정수기와 거북선을 가지고 놀았다. 그렇게 신나게 놀다가 한 학생이 정수기와 태양광 거북선을 융합해 보자는 아이디어를 냈다. 그러고는 다른 학생들과 함께 거북선 페달 중간중간에 필터 장치를 삽입해서 작동하도록 만들었다.

나는 여기서 학생들이 아이디어를 가져오는 방식에 탁월함을 느꼈다. 이것이 바로 세계경제포럼이 말한 협업 능력과 비판적 사고 능력, 의사소통 능력이 모두 합쳐진 게 아닐까 실감했다. 거기다 최고의 교육 관련 저자들이 말한 자신감과 콘텐츠까지 더한 것을 알 수 있었다. 어느 누가 태양광 거북선을 이용해서 정수기의 필터 기능까지 만들 생각을 할 수 있었겠나? 이들이 바로 융합형 인재가 아닐까라는 생각이 들었다.

모든 프로젝트는 영어로 발표

이 프로젝트 수업에는 한 가지 특징이 있었는데, 여기서 진행하는 모든 프로젝트를 영어로 최종 발표하게 한 것이다. 이렇게 한 의도는 영어 역량을 기본적으로 키워주면서, 아이들에게 각 분야의 지식을 쌓고 토론하고 협업하면서 융합형 지식을 생산하는 것을 경험하도록 하기 위해서였다. 그래서 각 프로젝트가 끝날 때마다 발표도 영어로 하게 했다.

처음에는 한글 문장으로 논리적으로 쓰게 했고, 그것을 영어로 바꿔서 다시 프레젠테이션할 수 있게끔 코칭했다. 학생들은 '꿈의 학교' 프로젝트 과정들에서 느끼고 깨달은 점을 자신의 꿈과 연결해 어렵지 않게 프레젠테이션을 만들어나갔다.

그런데 이 아이들에게 공통된 약점이 발견되었다. 아이들이 완성된 프레젠테이션을 발표하는 시간이 되자 쑥스러워하는 모습을 보였던 것이다.

마지막 시간에 준비한 프레젠테이션으로 발표회를 진행해야 해서 연습을 한 명씩 해나갔는데, 학생들의 목소리가 너무 작아서 영상으로 촬영할 수 없는 상태가 됐다. 아이들에게 크게 발표하라고 해도 전혀 나아지지 않았다. 그래서 나와 다른 선생님들은 대책회의를 20분간 한 후 학생들한테 '가면'을 만들어 씌워서 조용한 공간에서 한 명씩 발표하게끔 연습을 하게 했다. 삼각대에 핸드폰을 올려놓고, 발표할 학생이 리모콘을 클릭해서 스스로 촬영하도록 했다. 그렇게 진행을 했더니, 학생들은 능동적이고 주도적으로 목소리 톤이 높아지고 발표 촬영을 할 때 손짓, 몸짓도 사용하게 됐다.

이 아이들을 보고 있으니 우리나라 교육의 현주소를 알 수 있었다. 충분히 좋은 콘텐츠를 가지고 있음에도 불구하고 자신들을 당당히 표현하는 능력이 부족하다는 생각이 들었다. 친구들을 서로 의식하면서 '내가 이런 행동과 말을 하면 다른 친구들과 선생님이 나를 어떻게 생각할까?'라는 마음이 있었기 때문에 더욱 그런 것 같았다.

나는 이런 경험을 통해 메타버스 플랫폼이 중간 다리 역할을 충분히 해줄 수 있으리라 확신했다. 메타버스 플랫폼 안에서라면, 소극적이고 부끄러움이 많은 아이들도 자신의 아바타를 이용해 발표하고 표현하기 때문에 그 아이들이 얼마든지 발표의 기회를 얻고 당당히 자신의 의견을 발표할 수 있을 것이다. 게다가 이 플랫폼은 아이들에게 점차 확산될 IT 도구를 활용할 수 있는 기회도 제공해, 학습력과 IT 도구 활용 능력이란 두 마리 토끼를 모두 잡을 수 있도록 도와줄 것이라고 확신한다.

영어 글쓰기로 이어지는
주제별 토론 수업

비포와 애프터가 확연히 차이 나는 토론 수업

우리 공부방은 여름방학 때 특별한 행사를 연다. 3~4년 동안 공부방을 꾸준히 다니면서 영어 공부의 임계량을 채운 중3~고2 학생을 대상으로 영어 글쓰기 방학 특강을 여는 것이다. 학기 중에는 내신 준비와 수행평가 그리고 모의고사로 인해 학생들이 영어 글쓰기에 부담을 느낄 수 있고 또 학부모들도 학기 중에는 학교 내신과 수능 영어 성적을 목표로 하는 영어 수업을 원하기에 방학 중에 특강을 몰아서 진행한다.

이를 원활히 진행하기 위해 학부모 상담 때 아이들의 방학 기간 동안 오로지 영어 역량 키우기를 위한 영어 글쓰기를 해야 하는 이유를 강조해서 말씀드리고, 특강 후 영어 글쓰기 포트폴리오를 보여드리겠다고 약속한다. 그러면 대부분의 학부모님들은 흡족해하신다.

특강 초반에는 아이들도 주제를 정해 토론을 하고 이를 정리해서 영어로 글을 쓰는 일에 익숙지 않아 소극적으로 참여했다. 토론 수업 시간에도 별로 말을 하지 않고 서로 눈치만 보았다. 하지만 한두 번 토론 수업을 진행한 후에는 눈빛이 달라진다. 서로 의견을 주고받으며 적극성을 띠기 시작한다.

영어로 토론 수업을 준비하는 일은 만만치 않다. 토론을 이끌어가는 나도 수업 준비에 많은 신경을 써야 한다. 그러나 초반에 아무런 말도 못 하고 꿀 먹은 벙어리처럼 앉아 있던 아이들이 한 주, 두 주가 흐르면서 상대의 주장에 반박하거나 자기편 주장을 강력히 내세우며 토론을 이어가는 모습을 보면 그동안의 고생이 눈 녹듯 사라진다. 이쯤 되면 방학이 빨리 흘러가는 것이 아쉬워지곤 한다.

논리는 구조에서 나온다

여러 해에 걸쳐 진행하던 토론 특강 수업 중에서 가장 기억에 남는 토론 수업은 2017년도 겨울방학 특강 때다. 당시 고등학생 4명과 중학교 3학년생 2명이 그룹을 지어 주 3회 3시간씩 총 15개의 주제를 가지고 토론 수업을 진행했다. 각각의 주제를 순서대로 주고 6명이 서로 의견을 나눈 뒤에 영어로 글을 쓰는 방식으로 진행했다. 영어 글쓰기 시간에는 글의 전체적인 구조를 잡아서 그 구조대로 글을 쓰도록 유도했다. 자유롭게 글을 쓰게 하면 아이들이 막연해서 첫 문장도 쓰지 못한 채 시간만 보내는 경우를 많이 보았기 때문이다.

내가 아이들에게 통일해서 알려준 글의 구조는 '서론 – 본론 1 – 본론2 – 결론'의 4단계였다. 서론의 구조는 '주제에 대한 자신의 생각을 한두 줄로 소개하기', '서두에 제시한 자신의 생각이나 의견에 대한 논거 제시하기', '본문에서 어떤 사례를 들어 쓸지 간략히 소개하기'였다.

본론은 서론에서 이야기한 주제를 사례나 경험을 들어 제시하도록 했다. 이때는 자신의 경험뿐 아니라 책, 영화, 드라마, 신문기사 등 다양한 매체에서 사례를 가져오도록 했다. 이렇게 함으로써 아이들에게 배경지식을 쌓는 것이 얼마나 중요한지 실감하도록 만들었다. 결론에서는 주제에 대해 자신이 펼쳐놓은 논거를 요약 정리하는 글을 쓰게 했다. 그리고 자신이 주장하는 바를 최종적으로 강조해서 마무리를 짓도록 했다.

서론, 본론, 결론 순으로 글을 쓰는 방식은 아이들에게 논리적인 글을 쓰는 습관을 가지게 해주었다. 처음에는 수필이나 일기 쓰듯 글을 펼쳐놓았던 아이들도 토론과 이어지는 영어 글쓰기 수업이 횟수를 더해가자 점차 자기만의 논리성을 찾아갔다.

유대인의 '하브루타' 영상에서 동기부여를 받다

특강 첫 시간에 나는 학생들에게 유튜브 영상을 하나 보여주었다. 2014년 'EBS 다큐프라임'의 〈왜 우리는 대학에 가는가?〉 5부 〈말문을 터라〉였다. 유대인 학생들의 도서관과 학교를 방영한 내용이었다. 영상 속 유대인 학생들은 유대인식 토론 '하브루타'로 자유롭고 활발하게 서로 의견을 주고받는 모습을 보여주었다. 서로 짝을 지어서 질문하고 대답하면서 하나의 주제에 대한 폭넓은 의견과 주장을 주고받았다.

영상 시청 후 학생들에게 느낀 점을 물어보았다. 어떤 학생들은 경청하는 자세가 인상 깊었다고 했고, 어떤 학생은 자신과 동갑인데 논리적으로 자기주장을 펼치며 말을 잘하는 모습에 감탄했다고 했다. 나는 토론의 장점, 자기주장을 논리적으로 펼쳐놓는 일의 강점을 이야기해 주고 영상을 본 것을 기반으로 영어 에세이를 쓰자고 독려했다.

15개 주제별 토론과 글쓰기 수업

첫 주의 토론 주제는 '수용 가능한 10대들의 행동'에 관한 것이었다. 나는 학생들에게 현재 개인들에게 제한하는 자유와 규칙들이 무엇이며, 얼마나 많은 자유와 책임을 10대들이 그들 스스로 결정해야 하는지에 대한 질문을 던져주었다. 그리고 각자의 경험과 다른 사람의 경험에서 나온 근거를 사용해 서로의 입장에 대한 의견을 나눠보자고 했다.

처음에 학생들은 서로 눈치를 보면서 먼저 이야기하기를 꺼렸다. 그래서 나는 가위바위보 게임을 해서 A, B팀으로 나누어 팀별로 이야기를 나누자고 제안했다. 팀의 발표 순서가 되자 한 학생이 단답형으로만 "부모님이나 선생님들이 규칙을 정하고 우리들의 자유를 제한하는 것 자체가 모두 싫다!"라고 답했다. 이에 B팀의 한 학생이 자신의 사촌 오빠 이야기를 꺼냈다.

사촌 오빠가 고2 때까지 오토바이를 탄 폭주족이었고, 중2 때부터 흡연도 했다고 했다. 그러던 어느 날 오빠는 담배를 피우면서 오토바이를 타다가 행인과 부딪쳐 경찰서에 가게 되었다고 했다. 경찰은 사촌 오빠의 학교 담임선생님을 호출했고, 사촌 오빠는 마음속으로 담임 선생님께 크게 야단맞는 것은 물론이고 정학 또는 퇴학까지 당할 수 있겠다고 생각했다. 하지만 그의 예상과는 달리, 담임선생님은 피해자와 원만하게 합의를 보고 경찰에 학생을 잘 지도하겠다고 약속한 뒤에 관련 서류에 서명을 하고는 그를 데리고 나왔다. 그러고는 그를 '술집'으로 데리고 갔다.

담임선생님은 거기서 사촌 오빠에게 맥주 한 잔을 따라주면서 과거 10대 시절 방황했던 자신의 이야기를 들려주었다고 했다. 그 이야기를 듣던 사촌 오빠는 눈물을 펑펑 흘리면서 선생님에게 자신의 고민에 대해 솔직히 털어놓았다고 했다. 그리고 그날 이후로 사촌 오빠는 오토바이도 타지 않고, 담배도 끊고, 미친 듯이 공부해서 명문대에 들어갔다고 했다.

이 이야기를 꺼낸 B팀의 아이는 사촌 오빠의 경험으로 미루어 볼 때, 10대들이 책임을 질 수 있는 부분과 성인이 되어야 책임을 질 수 있는 부분은 명확히 나누어지므로 미성년자들에게 규칙을 정하는 일은 필요하다는 자신의 주장을 이어갔다.

B팀에서 사촌 오빠의 일화를 바탕으로 자기주장을 펼치자 아이들은 봇물 터지듯 각자의 경험과 주장을 털어놓기 시작했다. 그렇게 50~60분간 활발한 토론이 이어졌다. 토론이 끝나고 각 팀은 10대에게 허용해서는 안 되는 행동을 4~5개 정리한 후 다시 브레인스토밍하면서 어떻게 글쓰기를 전개할지를 의논하는 시간을 가졌다. 그리고 각각의 학생들은 에세이 논리 구조에 맞추어 영어 글쓰기를 마무리했다.

이처럼 또래가 모여 그룹으로 하는 토론 수업은 여러 장점을 지닌다. 가장 큰 첫 번째 장점은 아이들이 자신과 반대되는 의견에도 경청하는 태도를 배운다는 점이다. 또 상대의 주장에 공감하면서도 거기에 논리적인 허점을 찾아내 자기주장을 펼치는 훈련을 반복하는 동안 아이들은 크고 작은 성취감을 느끼고 자기만의 논리를 세우는 방식도 체득하게 된다.

토론과 영어 글쓰기는 창의력, 공감력, 논리력을 키운다

독일 태생의 MIT 사회심리학자 쿠르트 레빈(Kurt Lewin)이 세운 미국 행동과학연구소(NTL Institute)에서 발표한 '학습 피라미드(Learning Pyramid)'에 따르면 주입식 강의를 들은 학생들은 강의 내용을 5%밖에 기억하지 못하지만, 학생들끼리 서로 소통하고 협력하는 수업을 하면 그 내용을 90% 이상 기억한다고 한다.

나는 소수의 5~6명과 주제별 토론 수업을 하면서 아이들이 관찰, 대화, 경청 등을 통해서 상대의 마음을 이해하고 깨닫는 과정을 확인할 수 있었다. 그리고 학생들이 상대방의 입장에서 문제를 새롭게 바라보고 정의 내리면서 '공감' 능력이 커지는 것이다. 또한 아이들은 토론 후 영어로 자기 생각을 정리하면서 자신이 펼친 논리가 얼마나 빈약한지를 스스로 알게 되어 자기 글이 지닌 허점을 발견할 수 있었던 것이 다음번 토론을 준비하는 데 큰 도움이 되었다고 했다.

특강을 마친 후, 토론 글쓰기에 참여했던 학생들은 학교생활이 더욱 재미있고 알차졌다고 이야기했다. 배경지식이 쌓여 영어 수업은 말할 것도 없이 사회, 국어, 역사 등 다른 과목 수업에서도 훨씬 활발하게 참여하게 되었다고 했다.

아이들이 가장 크게 도움을 받은 부분은 학교 수행평가의 말하기·글쓰기 영역이었다고 했다. 방학 특강 때 에세이 논리 구조에 맞추어서 글 쓰는 연습을 하다 보니 자기주장을 피력하는 글을 쓰는 시험에서 손쉽게 A 점수를 받는다고 했다. 특히 국제고등학교에 다니는 한 고등학생은 사회 과목 시간에 적극적으로 참여하고 발표한 것을 계기로 멘토-멘티 프로그램에서 후배들의 멘토 역할을 시작했다고 했다. 더욱이 참여하는 과정 속에서 본인이 성장하는 느낌을 알게 되어 바쁜 학교생활 속에서도 교내 영어 말하기와 쓰기 대회에 참가해 당당히 대상을 수상하기도 했다.

주제별 토론 수업은 자연스럽게 아이들의 영어 글쓰기와 논리력을 키워주므로 나는 아이들이 아무리 힘들다고 해도 반드

| 학습 피라미드(Learning Pyramid) |

평균 기억률
(Average Retention Rates)

	5%	수업 듣기(Lecture)
	10%	읽기(Reading)
수동적 학습 방법 (Passive Teaching Method)	20%	듣고 보기(Audio-Visual)
	30%	시연하기(Demonstration)
참여적 학습 방법 (Participatory Teaching Method)	50%	집단 토의(Group Discussion)
	75%	연습(Practice)
	90%	가르치기(Teaching Others)

Adapted from national Training Laboratories, bethel, Maine

출처: 지준호, "[박제원의 미래 학력이란] ⑦ 강의식 수업은 정말 나쁜 수업인가",
〈에듀인뉴스〉, 2018. 11. 5.

시 이 과정을 거치게 한다. 이 특강을 들은 아이들의 큰 변화를 매번 실감하기 때문이다. 아이들이 살아갈 시대는 다양한 경험을 바탕으로 한 공감 능력과 창의력, 사고력 등을 요구하는 시대가 될 것이다. 그리고 이런 융합적 역량을 키운 아이들이 경쟁력을 갖추게 될 것이다. 우리 공부방에서 '메타버스' 플랫폼을 시도하는 이유도 여기에 있다.

영어 한 과목 잘하게 되자
전 과목이 1등급으로

나의 영어 첫 제자, 아들

나는 대학 졸업 후 M증권사 IT 개발팀에서 첫 직장생활을 했다. 직장생활 2년 차에 나는 아들을 낳았다. 출산휴가 3개월 후, 나는 8개월 넘게 회사에서 모유를 짜서 아이에게 먹였다. 그 당시에는 아침 일찍 출근해서 밤늦게 퇴근하다 보니, 모유를 짜서라도 아들에게 먹이고 싶은 마음이 컸다. 하지만 잦은 밤샘 작업과 회식 자리로 인해 도저히 아들을 제대로 돌볼 수 없다는 생각에 출산휴가에서 복귀한 지 5년 만에 퇴사를 결심하게 됐다.

자의로 한 퇴사인지 타의로 인한 퇴사인지조차 모호한 와중에, 나는 '집에서 아이를 키우면서 할 수 있는 일이 무엇일까?'

고민을 하다가 공부방을 운영하게 됐다. 나의 전공과 경력을 생각하면 수학 공부방을 하는 게 맞았지만, 나중에 아들과 함께 갈 해외여행을 생각하고, 아들이 다양한 배경지식을 얻는 데에는 아무래도 수학보다는 영어가 도움이 될 것 같아서 영어 공부방을 선택하게 됐다.

본격적으로 영어 공부방을 운영하기 전에 내가 먼저 공부해야 했기에 경력도 쌓고 공부도 하면서 3년간 대형 어학원에서 부원장을 역임하며, SAT 미국 수능 공부와 원서 1만 페이지 이상을 읽고 토론하고 독후감을 쓰는 영어 전문가 양성 프로그램도 끝마쳤다. 아들이 초등학교에 입학할 즈음 나는 대형 학원에서 독립해 집에서 영어 공부방을 운영하기 시작했다. 그리고 자연스럽게 아들은 나의 첫 제자가 되었다.

아들이 가장 싫어하는 과목은 영어!

초등학교 1학년생이었던 아들은 영어 공부를 혼자서만 하기보다 당연히 친구들과 같이 하기를 원했다. 그래서 같은 유치원에 다녔던 아들 친구 엄마들에게 사정 이야기를 했다. 우여곡절 끝에 3명을 소개받아 영어 그룹 수업을 진행하게 됐다.

초창기 수업은, 거실에서 학부모들이 내 수업을 같이 듣는 식으로 진행됐다. 아이들이 아직 어리다 보니 어머니들이 등원과 하원을 같이 해줘야 해서 어쩔 수 없는 선택이었다. 첫 그룹 수업 때, 아들은 친구들이랑 하는 게 너무 좋아 흥분한 나머지 이야기하느라 바빴고, 나는 학부모들이 거실에서 듣고 있으니 재미있게 잘해야 한다는 긴장감에 이마에 땀이 줄줄 흘렀던 기억이 난다.

아들의 친구들한테는 웃으면서 영어와 한국어를 섞어 진행하면서도, 아들한테는 분위기를 흐트러뜨린다고 째려보거나 도마뱀 소리를 내면서 조용히 하라고만 했다. 아들을 위해 공부방을 시작했지만 정작 아들이 '왕따'가 되는 진기한 현상이 빚어졌다. 아들 친구들은 수강료를 냈기 때문에, 또 남의 자식이라서 더 조심스러워 수업의 중심은 아무래도 다른 학생들 위주로 진행이 돼버렸다. 예를 들어 영어 단어 게임을 할 때 아들은 한 번 하고 다음 단계의 게임으로 넘어가길 원했고 반복하는 것을 싫어했지만, 다른 학생들은 단어를 완벽하게 습득하지 못해서 같은 게임을 여러 번 진행해야만 했다. 수업 준비를 하는 경우에도 아들 중심이 아닌, 나머지 학생들의 진도와 수준에 맞게 진행했다.

새로운 영어 콘텐츠를 도입할 때는 아들이 당연히 '실험용'이 되었다. 1~2개월의 테스트를 아들에게 해보면서 교사인 나 자신이 새로운 콘텐츠를 습득했고, 그 과정에서 학습의 개선점을 찾아나갔다. 아들은 영어 수업 외 추가로 도입 예정이었던 많은 영어 콘텐츠 수업도 들어야 했다. 그렇게 4~5년을 아들은 반복된 수업을 듣고, 그룹 친구들을 위한 수업을 들었다. 영어 수업 외의 시간에도 새로운 영어 콘텐츠 시뮬레이션 수업을 하는 데 '동원'됐다. 그러다 보니 아들이 가장 싫어하는 과목이 바로 영어가 돼버렸다.

미국 서부 문화 체험 2주! 사고의 확장이 이루어지다

하지만 나는 아들에게 영어 수업과 영어책 읽기를 반강제적으로 하게끔 이끌었다. 아들이 영어 수업 하기 싫다고 하면 밥을 먹지 말라고 하든지, 영어를 끝내지 않으면 아들이 좋아하는 레고와 수학 수업을 끊어버리겠다고 협박 아닌 협박도 했다. 어느 날 참다못한 아들이 다른 영어학원에 다니겠다고 했지만, 그마저도 무시하고 내가 일일이 가르쳤다.

내가 이런 고집을 부린 이유는 첫째, 영어는 임계량을 쌓기까지 밥 먹듯 꾸준히 해야 하기 때문이었다. 내가 볼 때 영어학원의 영어 공부량은 턱없이 부족했다. 그 정도 공부량으로는 영어 실력을 키우기 어려웠다.

두 번째 이유는 내가 가르친 영어가 실제 외국에 나갔을 때 쉽게 적용되는지 같이 확인하고 싶었다. 그러자면 엄마인 내가 가르치고 내가 확인하는 수밖에 없었다. 아들에게 말로만이 아닌 실제 경험을 통해 자신이 배운 영어 수준이 어느 정도이고, 얼마만큼 부족한지를 직접 경험하게 해주고 싶었다.

그런 생각으로 아들에게 영어를 4~5년 가르친 후, 드디어 2015년 겨울에 기회가 찾아왔다. 나와 친한 원장님, 그 당시 6학년이었던 아들 그리고 중학교 2학년 여자 제자 둘을 포함한 5명이 '미국 서부 문화 체험'을 2주 동안 가게 된 것이었다. 미국에 가기 전에 영어회화를 미리 연습하고 어디를 여행할지는 계획했지만 현지에서의 세부적인 스케줄은 아들과 중2 학생들이 직접 짜도록 했다. 예를 들어 샌프란시스코에서 각자 가고 싶은 곳을 정한 후 알아서 다녀오고 숙소로 돌아오게 했다. 중학생들은 버클리대학에 가고 싶어 했고, 아들은 샌프란시스코 과학관 익스플로라토리움에 가고 싶어 했다.

아들에게 구글맵이 깔린 스마트폰과 과학관 팸플릿만 쥐여주고 혼자 출발시켰다. 말은 그렇게 했지만 아직 초등학생이라 100미터 정도 뒤에서 아들의 뒤를 밟았다. 아들은 현지인한테 물어보고 핸드폰으로 열심히 검색하면서 익스플로라토리움에 도착했다. 표를 사서 들어가서는 그곳 관계자들한테 도움을 요청하면서 구경했다. 외국 아이들과 놀면서 과학관이 문을 닫는 시간까지 5~6시간을 과학관에 있었다.

과학관 체험을 하고 돌아온 아들은 본인이 영어로 말하는데 외국 사람들이 알아듣고 이야기해준 게 신기했고, 난생처음 본 여러 도구들을 가지고 과학관에서 체험한 일을 조목조목 이야기하면서, 꼭 커서 다시 오겠다고 했다. 그리고 왜 영어 공부를 해야 하는지 그 필요성을 알게 됐다고 말했다. 영어를 잘하면 보는 시야가 넓어지고, 기회가 많다는 것을 깨달았다고 했다.

생물학 박사인 최재천 교수와 저널리스트 안희경 저자가 공저한 《최재천의 공부》(김영사, 2022)에서 두 저자는 "아이를 가르쳐서 무언가를 하게 만드는 것이 아니라 아이 스스로 세상을 보고 습득하도록 어른이 환경을 조성해 주는 것, 그것이 바른 교육이다"라고 했다. 나는 아이와 미국 문화 체험을 하면서, 그 말을 100% 실감했다. 꼭 미국 현지에 가지 않더라도 요즘은 얼마든지 다양한 문화 체험을 할 수 있는 세상이다. 온라인으로, 또 영상 체험으로 아이들이 세계 곳곳을 체험할 수 있는 방법은 다양하다. 메타버스가 가장 대표적인 방식이다. 아이 스스로 세상을 보고 습득하도록 환경을 조성해 주는 역할은, 부모인 어른이 해야 할 일임을 나는 당시 아들의 그 '고백'을 듣고 절실히 깨달았다.

고교 때 하루 30분~1시간 투자만으로 영어 99점, 다른 과목 1등급!

아들은 미국 서부 문화 체험을 갔다 온 후 태도가 180도 바뀌었다. 아들에게 외국 대학교 원서에서 발췌한 '아카데미 라이팅'을 코칭했다. 예전 같았으면 중학교 수준으로만 영어를 하면 되지 왜 이렇게 어려운 영어 공부를 하냐고 따졌을 아들이 미국에서 돌아온 후, 군소리 하나 없이 나의 방향성을 믿고 따라주었다.

'아카데미 라이팅'은 영어 글쓰기와 본인의 생각을 영어로 표현하는 영어 말하기 중심의 코칭이었다. 그에 더해 중학교 3학년 때는 미국 대학교 교재인 《Social Problems》(미국 대학교 2학년 사회학 전공 원서. 사회 전반적인 이슈들을 챕터별로 다루고 있음)를 3번 통독하게 했다. 아들은 그 원서를 통독하면서 영어 리딩뿐만 아니라 사회문제, 환경, 문학에 대한 배경지식도 쌓게 되었다. 물론 아들이 중학교 때 대학 원서 수업을 진행했어도, 중학교 내신 영어 점수 기복은 심했었다. 중학교 영어를 70~90점대로 받고 있었다. 하지만 나는 중학교 성적에 연연하지 않았다. 왜냐하면 아이가 영어 임계량을 채우는 과정들을 지켜봐왔기 때문이었다.

아들은 그렇게 중학교 3학년까지 영어 코칭을 받았고, 고등학교에 입학한 후부터는 기숙사 생활을 해야 했기에 엄마와 하는 영어 코칭 수업을 졸업하고. 학교 수업만 충실히 따라갔다.

아들의 영어 공부 임계량은 확실한 성과로 돌아왔다. 학교 영어 수업을 매우 잘 이해했을 뿐 아니라 중학교 때 영어 공부방에서 배경지식으로 배우거나 읽었던 내용들이 영어 지문에 나오니까 수업도 재미있고, 영어 수행평가인 말하고 쓰고 발표하기도 매우 쉬워졌다고 했다. 아들은 혼자서도 매일, 꾸준히 영어 교과서를 소리 내서 읽고 학교 영어 수업이 끝난 후 쉬는 시간에 복습만 하면서 영어를 해나갔다. 아들의 영어 공부 시간은 그게 다였다. 그 정도만 해도 충분히 점수가 나오고도 남았다. 그렇게 영어 과목에 대한 공부 시간이 줄어드니, 수학이나 과학 등 다른 공부에 할애할 시간이 생겨나게 됐다.

아들은 고등학교 2학년 중간고사에 영어는 99점, 국어, 수학, 과학 과목에서 모두 95점 이상을 받는 성과를 올렸다. 그러고는 부모도 받아보지 못한 장학금을 받으며 고등학교를 다녔다. 아들은 현재 대학교 1학년이다. 화학공학부에 진학했는데 전공 수업을 모두 영어로 듣고 있다. 영어로 프레젠테이션을 발표하고, 프로젝트도 영어로 말하고 쓰기를 하면서, 어렵지만 도전할 만하다고 한다.

대학교 동기들과 선배들은 전공도 어렵고 영어까지 해야 해서 힘들다고 하는데, 아들은 아직까지 전공도 재미있고, 영어도 계속하면 될 것 같다고 이야기한다. 요즈음 아들은 외국 대학원 진학도 생각하고 있다. 관련 자료도 준비하고, 교수님, 선배들과 교류하면서 비전을 키우고 있다.

아들의 성과는 분명했다. 영어 하나를 잘하게 되자 모든 과목에서 자신감을 얻었고, 그것은 곧 공부 자체에 대한 자신감으로 확대됐다. 거기에 더해 스스로 자신의 미래를 설계하기 시작했고, 자연스럽게 동기부여도 스스로 하게 됐다. 물론 수학이나 과학 등 다른 과목에서 출발해 전 과목을 잘하게 될 수도 있다. 그러나 나는 '영어'야말로 아이들에게 공부에 대한 자신감의 씨앗을 심어줄 수 있는 가장 좋은 과목이라고 생각한다. 우리가 '영어'에 대해 가지고 있는 깊은 열등감이나 불안감 때문이다.

영어 공부방에서 아들과 같이 공부했던 다른 아이들 역시 마찬가지로 학업에 자신감이 붙어 각자의 길을 잘 개척해나가는 중이다. 그 아이들 모두의 건투를 빈다.

약점을 콘텐츠로 승화하면 강점이 된다

영어로 분노 장애가 온 E

공부방에 오는 대다수 학생들은 저마다 영어에 대한 아픔을 어느 정도 가지고 있다. 너무 이른 나이에 영어에 노출돼 영어를 공포로 느끼는 아이가 있는가 하면, 영어를 잘하고 싶은 마음이 지나쳐 이미 잘하면서도 늘 갈증을 느끼는 아이가 있다. 또 부모로부터 지나친 기대를 받아 영어 자체에 무작정 거부감을 느끼는 아이 등 다양하다. 이런 아이들이 우리 공부방에 쉽게 적응하는 이유는 '성적보다 영어 자체의 재미를 중시'한다는 우리 학원의 모토 덕분이다. 아이들은 대개 의심 반 기대 반으로 우리 공부방에 왔다가 영어에 정말 재미를 느끼곤 한다.

그중 E라는 학생은 영어에 대한 아픔이 유달리 컸다. E의 아품은 영어유치원을 다닐 때 싹텄다. 원어민 선생님과 소통하는 일이 너무 어려워 엄마한테 그만 다니고 싶다고 이야기했다. 그런데도 E의 엄마는 아이의 말에 귀 기울이지 않고 E를 억지로 등원시켰고 결국 E는 영어유치원에서 거의 말도 하지 않고, 혼자 구석에서 그림만 그리며 지내는 경우가 많았다고 했다. 그렇게 영어유치원을 졸업한 E는 초등학교에 입학한 뒤로는 절대로 영어학원을 다니지 않았다고 했다.

E가 우리 공부방에 온 시기는 초등학교 2학년 2학기 때였다. 우리 공부방은 초등학교 저학년 때는 흥미와 재미 위주의 수업을 하면서 영어와 한국어를 번갈아가면서 썼기에 E는 부담감 없이 공부방의 콘텐츠를 잘 따라왔다. 하지만 온라인 콘텐츠를 수업하거나 영어 문장 쓰기 수업을 할 때 E는 본인 뜻대로 되지 않으면, 노트북을 손으로 꽝꽝 친다거나 사용하고 있는 교재를 찢어버리는 등 분노 조절을 하지 못했다. 그런 상황이 반복되면서 다른 학생들은 E의 눈치를 보거나 수업을 같이 듣기 싫다며 불만을 제기하기도 했다.

하지만 난 E의 가정환경과 여러 가지 심리 상황을 이미 알고 있었기 때문에 E가 그런 행동을 할 때마다 맞대응을 하는 대신 정지 모드로 '1분 정도 지켜보기'를 지속했다. 주위 친구들에게 너무 안 좋은 영향을 끼친다고 판단되는 날은 E한테 다른 방에 들어가서 감정이 가라앉으면 다시 나오도록 했다. 다만 혼자

방에 들어갔을 때는 유치원 때 하던 대로 그림을 그려 자신의 감정을 표현하라고 했다.

그림으로 울고 웃다

그날 이후 E는 영어 공부방에 와서 영어 수업하는 시간만큼 그림을 그리는 시간을 가졌다. 이는 E에게만 특별히 주어진 시간이라기보다, E가 영어 공부를 할 때 그만큼 분노를 느끼는 횟수가 많았음을 의미한다. E는 영어 수업을 할 때, 특히 영어 쓰기를 할 때 어려운 부분이 나오면 감정이 고조되면서 영어 교재를 찢거나 연필로 낙서하고 노트를 던지기까지 했다.

이럴 때 나는 스케치북과 색연필을 E에게 주고 혼자 다른 방에 들어가 현재 감정을 그림으로 표현하게 했는데, 그려 오는 그림은 자신의 자화상을 그리고 난 후, 거기에 빨강, 파랑, 검정색 등의 강렬한 색감을 칠한 것이었다.

나는 이러한 그림들을 보면서 E에게 하고 싶은 말을 하도록 했다. 그럴 때 E는 대체로 학교에서 친구들과 안 좋았거나 엄마한테 꾸지람을 듣고 난 후 감정이 가라앉지 않은 상태에서 영어 공부방에 왔었고, 그런 상태에서 영어 쓰기까지 E의 뜻대로 되지 않으니 더 분노하게 된다고 솔직하게 털어놓은 경우가 많았다.

이렇게 E가 속상한 일, 기분 나쁜 이야기를 나한테 털어놓을 때마다 나는 경청해 주고 E의 입장에서 공감하려고 노력을 많이 했다. 예를 들어 학교에서 E한테 안 좋은 말을 한 친구 얘기를 하거나, E를 '왕따' 아닌 '왕따'의 분위기로 몰고 간 친구 얘기를 하면 나는 "그 친구한테 전해! 밤길 조심하라고! 왜 우리 멋진 E를 힘들게 하는지 모르겠다! 성공 아님 크게 될 우리 멋진 E인데" 식으로 E의 입장에서 공감해 주었다. 그러면 E는 영어 공부방 하원할 때 또 아무렇지 않게 공손히 웃으면서 나한테 인사하고 집에 갔다. 이렇게 반복적으로 그림 그리기로 분노를 표현하게 하고 경청해 주고 공감해 주자 E의 분노 장애 행동이 점점 줄어들었다.

영어 스토리를 그림으로 표현하다

나는 E가 초등학교 고학년으로 올라갈 때쯤 영어 스토리와 그림을 연결해서 표현하거나 영어 그림일기를 쓰게 했다. 우리 학교 다닐 때만 해도 그림일기가 있었지만, 지금 아이들은 그런 기회가 없기에 아이들은 굉장히 신기해하고 재미있어했다. 어느 날 나는 E에게 영어 스토리를 소리 내서 읽게 한 후 스토리의 내용을 영어 문장으로 표현하라고 시켰다. 그랬더니 E는 영어 한두 줄로 끝냈다. 다시 나는 E한테 《매직 트리 하우스(Magic

Tree House)》일부 스토리를 읽게 하고, 원한다면 내용을 변형해서 그림으로 그려 표현하게 시켰다.

그렇게 하자 E는 눈이 반짝반짝하면서 자신의 그림에 대해 이야기를 하며 훨씬 수다스러워졌다. 《매직 트리 하우스》에 들어간 주인공을 피터팬으로 그려서 여러 장소를 마음껏 날아다니는 그림을 그렸다. 그렇게 본인의 그림을 즐겁게 표현한 E는 영어 문장을 10줄 이상 써 내려갔다. 이후로 E는 그림들도 더 정교해지고, 머릿속에 상상했던 이미지를 표현하는 능력도 향상됐다. 그때부터 나는 초등학교 고학년 아이들에게 영화, 동화에서부터 비문학까지 다양한 주제를 줄 때면 꼭 그림으로 표현하게끔 코칭을 한다.

그러던 어느 날 E는 스승의 날을 맞이해 나에게 그림을 여러 장 그려서 애니메이션으로 완성한 작품을 선물로 주었다. 나는 너무 감동을 받았다. 받은 그림 선물을 E의 허락을 받고 나는 인스타그램에 게시했다. 나의 인스타그램에 게시된 자신의 그림을 본 후 E는 본인이 그렸던 그림들을 꾸준히 자신의 인스타그램에 올리고 있다.

약점을 콘텐츠로 승화하면 강점이 된다

아이들은 자라면서 바뀐다. 그래서 영어에 굉장한 거부감과 부정적인 생각을 가지고 있던 아이들도 얼마든지 변화할 수 있다. 나는 우리 공부방에 온 아이들에게 그들이 가진 약한 부분을 장점으로 만들어주려고 애쓰는 편이다. 물론 모든 아이들에게 이 방법이 통하는 것은 아니다. 그러나 아이들은 미완성이라서 얼마든지 바뀔 수 있다고 생각한다.

한수위 저자는 《상위 1% 인재는 어떻게 만들어지는가?》(마인드셋, 2022)에서 "4차 산업혁명 시대를 이끌어갈 창의융합 인재는 꿈꾸고, 연결하고, 가치를 창출하는 역량을 가져야 한다"라고 말한다. 하지만 저자의 말대로 아이들을 꿈꾸는 인재로 만들기 위해서는 준비 단계가 필요하다고 생각한다.

나는 그 준비 단계로 아이들이 자신의 약점을 콘텐츠로 만들고, 그것을 무기 삼아 강점으로 살리고 이를 바탕으로 자신감을 얻게 하는 일이 먼저라고 생각한다. 그리고 나서 그다음 단계로, 아이들을 꿈꾸는 사람으로 만들고 연결하며 확장하면 된다고 생각한다. 우리 공부방에 온 아이들은 바로 이 같은 과정을 거쳤다. 나는 지금도 우리 공부방에 온 소중한 학생들이 자신의 약점이라고 생각하는 부분을 강점으로 만들어 마음껏 꿈꾸길 바란다. 그리고 그 꿈을 연결하고, 이를 가치로 창출하는 미래형 핵심 인재들로 거듭나길 소망한다.

2부

메타버스까지
가능한 영어
공부방 노하우

3장

메타버스
영어 공부방의
수업 방식, 세팅 방법

어휘력
5단계

초등 저학년 학생들, 메타버스에서 어휘와 놀다

2018년도부터 초등학교 저학년을 코칭하게 됐다. 그 전까지는 아들 학년에 맞춰서만 하다 보니 당시 중학교 2학년이었던 아들보다 어린 학생을 가르칠 기회가 없었다. 그러다 아들이 고등학교에 진학하자 초등학교 저학년을 받아도 여유롭게 아이들 눈높이에 맞춰서 할 수 있겠다는 자신감이 붙었다.

초등학교 저학년을 모집하려고 한 달 가까이 아파트 단지 내를 돌아다니며 학부모들로 보이는 예비 고객에게 공부방 전단지를 나눠줬다. 그리고 주말에는 초등학교 정문 앞에서 파라솔을 펼쳐놓고 우리 공부방의 커리큘럼을 실명하며 학생들 유치에 힘썼다. 그렇게 해서 10명 정도의 초등학교 1~2학년생을 모집했다.

나는 먼저 학생들한테 파닉스를 가르치기보다 어휘 게임 형태로 수업을 진행했다. 그 당시 나는 한 영어 콘텐츠 회사와 가맹을 맺어 그 프로그램을 사용하고 있었다. 이 콘텐츠 회사는 외계인 아바타가 지구에 놀러 온다는 설정으로 이루어져 있었다. 놀러 온 아바타는 지구의 20여 군데 장소를 찾아다니는데, 그때 아바타가 가는 장소를 클릭하면 영어 발음을 소리 내서 따라 하도록 되어 있었다. 예를 들어 지구의 공원 이미지 장소로 로그인해서 클릭하면 외계인 아바타가 따라서 '파크(Park)'라고 발음하는 식이었다.

이때 어휘들은 일상에서 쉽게 접할 수 있는 단어들이기에 학생들이 적극적으로 클릭해서 같이 따라 말하도록 하고 외계인 아바타와 함께 발음하도록 지도했다. 그렇게 모든 장소를 클릭하면, 다음 게임의 가상공간으로 이동하게 된다. 이동한 공간의 왼쪽에는 각자의 아바타가 해적의 모습으로 해적선의 닻에 줄로 매달려 있고, 오른쪽에는 앞에서 배웠던 영어 어휘와 4개의 선택지 그림 이미지가 있다. 4개 그림 중 어휘에 해당하는 이미지는 1개이고 나머지는 다른 그림들이다. 학생들은 이 단계에서 앞에 배웠던 어휘를 그림과 맞추면서 하나씩 문제를 풀어간다. 총 20개 문제를 다 맞히면 다음 단계로 넘어가게 되는데, 이때도 10개 단위로 어휘를 맞힐 때마다 이에 대한 보상으

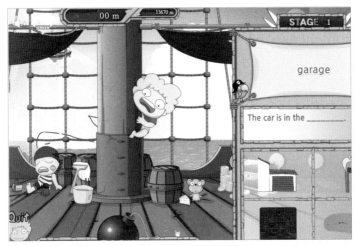

로 왼쪽 아바타들의 의상이 멋지게 바뀐다. 반대로 어휘를 2개 이상 틀릴 때에는 아바타의 의상이 하나씩 사라진다.

또한 어휘를 맞힐 때마다 아바타가 꾸며지면서 동시에 가상 코인도 얻을 수 있다. 코인이 주어질 때마다 금화끼리 부딪치는 효과음 때문인지 아이들이 코인을 얻을 때 특히 재미있어한다. 이때 얻은 가상 코인으로는 강아지 아바타를 키울 수 있다. 코인이 많으면 많을수록 강아지 아바타에게 줄 수 있는 먹이도 늘어난다. 아이들은 이렇게 가상의 메타버스 공간에서 쇼핑도 하고 운동도 하고 강아지 산책도 시키면서 학습과 가상 경험을 동시에 하게 된다.

모르는 학생들끼리 소통하며 어휘 배틀 게임을 하다

이처럼 아이들은 이 아바타 콘텐츠를 사용하면서 시각적인 이미지와 청각의 자극을 동시에 활용해 어휘를 습득했기에 쉽게 영어 어휘를 기억할 수 있었다. 게다가 코인으로 보상을 해주니 학습을 하면서도 게임하듯 저마다 승부욕을 발휘해가면서 영어를 쉽게 체화해나갔다. 한 번 수업할 때마다 학생들은 어휘 20~30개씩을 말하고 이미지를 보면서 습득하기에 어휘의 뜻을 쉽게 잊어버리지 않는다.

그렇게 학습해서 쌓인 어휘가 1,000~2,000개 정도 되면 나는 '어휘 배틀 게임'과 '스펠링 배틀 게임'을 실시한다. 이때는 아바타 콘텐츠를 사용하는 여러 공부방과 학원 학생들도 함께 참여한다. 시험 없이도 억지로 외우지 않아도 모국어 습득 방식으로 외웠던 어휘와 스펠링을 게임대회까지 주최해서 하게 되면, 초등학생 저학년들이라도 승부욕을 느끼면서 눈빛이 남다르게 된다.

그렇게 주최한 '어휘 배틀 게임'과 '스펠링 배틀 게임'에 순위가 정해지면, 메달과 상장 그리고 문화상품권을 준다. 그리고 베틀 게임을 했던 장면과 포토존에서 영상 및 사진 촬영을 해서 개인 밴드에 올리거나 카카오톡으로 학부모님들께 보내드리면 학부모님들 또한 흡족해하면서 공부방에 보내는 것에 대한 신뢰감을 주신다.

이미지로 초등 어휘 마친 후 본격적으로 어휘 실력 쌓기

초등학교 고학년이 되면 여러 가지 다른 어휘 콘텐츠를 사용한다. 나는 '보카(Voca)' 콘텐츠를 사용하면서 학생 각자의 아이디를 부여해 활용한다. 이 콘텐츠를 사용하면 하루에 50~100개까지 어휘 학습이 가능하다. 어휘 수준도 초등 어휘부터 수능 어휘까지 범위와 레벨이 다양하다. 그리고 초등학생이라고 하더라도 하루에 50개씩 공부하면 수능 고급 어휘까지 마스터해 갈 수 있다.

학생들은 각자 '보카' 콘텐츠에 로그인한다. 그러면 첫 화면에 해당 달에 날마다 학습할 어휘가 들어 있는 것을 볼 수 있다. 학생들은 각자 자기에게 주어진 해당 날짜의 '학습'을 클릭한다. 이것이 어휘 학습 첫 단계다.

이 '학습' 단계를 클릭하면 원어민의 해당 어휘에 대한 발음과 함께 철자(Spelling)가 화면에 나타난다. 그러면 학생은 발음을 들으면서 어휘의 이미지와 영어 철자를 보게 된다. 이때 어휘의 한글 뜻은 빈칸으로 돼 있다. 학생들이 빈칸을 클릭하면 한글 뜻이 화면에 나타나고, 이때 영어 스펠링을 따라서 타이핑하면 다음 어휘로 넘어간다. 그러면 또다시 다음 어휘와 스펠링 그리고 이 어휘를 나타내는 이미지가 빈칸과 함께 나타난다.

예를 들어 'book'이라는 어휘와 철자가 화면에 나타나고 한글 뜻인 '명사: 책 / 동사: 예약하다'는 빈칸으로 돼 있다. 이때 학생들은 원어민 발음을 듣고 화면에 나타나는 '책'과 '예약하다'의 그림이 그려진 이미지를 동시에 보게 된다. 그러고 나서 철자 바로 아래 있는 빈칸을 클릭하면 '명사: 책 / 동사: 예약하다'라는 한글 뜻을 보게 된다. 그리고 'book'이란 스펠링을 직접 철자 쓰는 공간에 타이핑해 주면 다시 한 번 원어민의 음성이 들리면서 다음 어휘로 넘어가도록 프로그램돼 있다.

이렇게 '학습' 단계에서 50~100개 정도 어휘를 습득하면 '도전'이라는 어휘 테스트를 해야 한다. 어휘 테스트 1단계는 상단에 어휘를 보고 들은 후 해당 어휘의 이미지를 선택하는 것이다. 어휘 테스트 2단계는 해당 영어 어휘를 보고 여러 한글 뜻이 적혀 있는 선택지 중 하나를 고르는 것이다.

어휘 테스트 3단계는 영어 어휘의 다의어를 선택하는 단계다. 이 부분을 학생들이 가장 많이 어려워한다. 왜냐하면 학습 단계에서 주요 어휘 한 개만 습득해야 하는 게 아니라 경우에 따라서는 한 어휘 당 뜻이 3개 이상 될 수도 있기 때문에 3단계에서는 다의어를 다 클릭해야만 맞는 것으로 인식되기 때문이다. 하지만 어휘 3단계까지 도전하면 어휘를 쉽게 잊어버리지 않게 된다.

어휘 테스트 4단계는 원어민이 들려준 음성으로 어휘를 '받아쓰기'하는 것이다. 이 4단계는 듣기와 철자에 상당히 도움이 된다. 어휘 테스트 5단계는 한글 단어를 보고 '영어 단어 말하

출처: GoodMoringVoca

기'를 하는 단계다. 이때는 영어 단어의 발성과 억양까지 정확히 해야지만 AI가 인식해서 다음 어휘로 넘어갈 수 있다.

그렇게 학습하고 도전할 때 어휘 5단계를 거치면서 학생들은 관리자가 정한 점수에 도달해야지만 '합격'을 받을 수 있다. 나는 보통 합격 점수를 '80점'으로 정해놓는다. '합격' 혹은 '불합격' 여부는 학생들이 로그인하면 화면에서 바로 볼 수 있기 때문에 관리하기도 편하다. 학생들은 '불합격'을 받으면 처음부터 다시 어휘 5단계를 해야 하기 때문에 할 때 제대로 집중해야 한다는 것을 인지하게 된다.

어렵지 않게 꾸준히 해서 어휘 임계량을 얻는다

초등학교 5학년생 P가 어느 날 학교에서 우연히 친구랑 이야기하다가 'responsibility'라는 어휘를 말했다고 한다. 그런데 그 어휘를 P가 5번 이상 발음을 했는데도 친구는 무슨 뜻인지 몰랐다고 했다. 그 학교 친구도 본인처럼 영어학원을 다니고 있는데 그 쉬운 어휘도 모르다니 P는 답답했다고 했다.

나는 P의 말에 속으로 웃었다. P는 초등학교 저학년 때부터 꾸준하게 아바타 콘텐츠뿐만 아니라 '보카' 콘텐츠까지 3년 이상 공부해서 지금 중학교 어휘까지 마스터하고 고1 수준의 어휘까지 공부하고 있기에 가능하지 다른 친구들은 그렇지 않을 수 있기 때문이다. 우리 공부방 아이들은 방학 때면 어휘를 하루에 100개씩 꾸준히 습득하고 익힌다. 익히는 과정도 앞에서 설명한 5단계 과정을 거치면서 듣고 말하고 쓰기까지 반복하며 습득하기에 고등 수능 지문까지 독해할 수 있는 수준에 이른다.

P는 이처럼 가랑비에 옷 젖듯 꾸준하게 영어 어휘의 임계량을 쌓아서 이젠 고등학교 실력의 어휘까지 알고 있었던 것이다. 나는 P의 모습을 지켜보면서 어린아이가 모국어를 습득하듯이 자연스럽고 꾸준히 영어 어휘 임계량을 쌓는 것이 얼마나 중요한지 새삼 깨달았다.

영어 논술 9단계로
중학교 때 수능을 완성하다

동탄2 신도시에 영어학원을 오픈하다

2019년 1월, 나는 동탄2 신도시에 영어학원을 오픈했다. 당시는 동탄2 신도시가 막 형성됐던 때라 아파트 단지들과 중심 상권의 상가들이 새롭게 입점하고 있었다. 인근 지역에서 인구 유입도 계속 이루어져 동탄1, 평택, 수원, 용인 등 다양한 지역에서 많은 학생들이 동탄2 신도시로 이주해 왔다. 그런데 이사 오는 학생들에게는 한 가지 공통점이 있었다. 이사 온 후 짧게는 1개월, 많게는 1년 이상 영어 공부를 이어가지 않았고 손을 놓고 있던 학생들이 많다는 점이었다. 영어는 어학연수까지 다녀온 경우라 하더라도 한 달만 쉬면 많이 잊어버리는 언어다. 우리나라가 영어에 자연스럽게 노출되는 환경이 아니기 때문이다. 더군다나 학생들이라면 더 심하게 리셋되는 편이다. 게다가 코로나19로 지난 2년간 아이들의 학습력이 많이 떨어진 상태여서 영어 감각도 많이 떨어져 있었다.

영어학원을 오픈하자마자 학생들의 레벨 테스트를 실시했다. 테스트는 영역별로 어휘, 듣기, 말하기, 쓰기, 문법, 리딩의 6개 영역을 실시했고, 마지막 단계는 한글로 씌어진 문장을 보고 이를 영어 통문장으로 말하고 쓰기를 했는데, 초등학교 고학년들은 기본 문장도 제대로 못 쓰고 특히 'Be동사'와 일반동사를 같이 쓰는 경우가 많았다. 중상위 중학생들도 그 전 학년에서 배웠던 어법을 활용해 문장을 쓰는 데 어려움을 겪었다.

통합 지식을 요구하는 영어 교육 트렌드

레벨 테스트를 보고 아이들의 수준이 가늠되자 나는 많은 고민이 생겼다. 2022년 현재 우리나라 중학교 1학년 영어 교과서 수준은 미국 유치원생 정도가 읽는 수준이지만, 중학교 2학년부터는 갑자기 난이도가 올라간다. 관계대명사, 접속사 등을 이용해 확장 문장이 나오면서 갑자기 어려워지는 것이다. 국어로 예를 들자면, '나는 학교에 갔습니다'가 기본 문장이라면, 긴 문장은 '나는 오늘 옆집에 사는 영희를 만나 아침 체조 시간에 늦지 않기 위해 같이 학교로 뛰어갔습니다' 같은 문장을 배우게 되는 것이다. 게다가 고등학생이 되면 비문학의 긴 지문을 읽고 추론하며 출제 의도를 파악해서 요약, 영작까지 해야 한다. 즉 문장구조를 정확히 파악하는 것은 기본이고, 단어와 문장을 넘어 추론까지 요구한다. 일례로 수능에 나오는 비문학 지문의 내용은, AI, 국제관계, 환경, 과학, 사회학 등 매우 다양하다.

2022년 현재 중학교 1학년부터는 고등학교 입학 후에 서술형 평가가 도입되며, 현재 수능 영어 영역에서도 순서 배열, 빈칸 추론, 무관한 문장 찾기 등 간접 쓰기가 까다롭게 출제되고 있다. 바야흐로 우리나라 영어 교육의 방향이 사고력과 창의력을 요구하는 읽기, 쓰기, 말하기 쪽으로 바뀌고 있다.

이 같은 교육제도의 변화에 앞으로 영어 시장이 어떻게 변화하고 어떻게 이에 발맞추어 가야 하는지에 대한 깊은 고민이 되기 시작했다.

철저한 레벨별 수업으로 실력 쌓기

이제 우리나라 영어 교육이 지향하는 교육 목표는 글로벌화하는 세계에서 우리 아이들이 영어로 소통하는 데 어려움 없이 영어로 쓰고, 읽고, 말하면서 발표하는 것이 가능하도록 하는 것이다.

이런 변화에 발맞추기 위해 우선 레벨 테스트를 초등 저학년, 초등 고학년, 중학교 1, 2, 3학년, 마지막 고1 단계로 구분했다. 중학교 이상은 우선 학교 통합의 객관식 문제로 1단계 테스트를 보게 한다.

2단계는 1~4단계로 이루어진 수준별 에세이 가운데서 6~14문항을 뽑아 한글로 된 문장을 보고 이를 영어로 말하고 쓰도록 하는 시험을 보게 했다. 문항은 평균 48개가 되도록 했는데, 에세이 1단계는 초등 저학년 수준, 에세이 2단계는 초등 고학년 수준의 기본 문장과 현재진행형 등의 영작을 하는 단계다. 에세이 3단계는 중학교 1학년 영어 교과서 수준의 영작이고, 에세이 4단계는 중학교 2학년 영어 교과서에서 볼 수 있는 수준의 영작들이다.

각각의 에세이 단계별 문제들 중에 2개 이상 틀린 경우를 기준으로 해당 에세이 단계의 콘텐츠로 커리큘럼을 구성했다. 이렇게 하는 이유는 우리 공부방은 학년에 맞춰 수업을 하는 게 아니라 철저히 레벨별 수업을 하기 때문이다.

예를 들어 초등학교 5학년일지라도 파닉스도 제대로 안 돼 있으면 아주 기초반부터 들어가 음가와 기본 문장으로 영어 어순이 몸에 익혀지는 어순 체화 수업을 하고, 5학년이 'although'나 'who/which' 등의 접속사와 관계대명사를 쓸 줄 알면 에세이 5단계로 들어간다. 중학교 2학년인데 기본 문장도 못 쓰면 에세이 2단계부터 시작한다. 대신 학년이 높으면 그 전

단계는 콘텐츠 속도를 높인다.

우리 공부방의 교육 목표는 학년에 맞는 수업이기보다 수준에 맞는 수업 중심 교육이므로, 이렇게 학년을 파괴한 수업을 초기부터 지금까지 고수하고 있다. 공부방 오픈 초기에는 학년별로 그룹을 지어 진행했지만, 6개월쯤 되면 학생들의 수준별 차이가 났다. 그러다 보니 어떤 학생들은 진도를 다음 단계로 나가야 하고, 또 다른 학생들은 같은 수준의 다른 콘텐츠로 복습 위주로 해야만 했던 경험을 많이 겪었다. 그래서 레벨별 수업을 진행하게 됐던 것이다.

아이들도 처음에는 자기 학년보다 어린 동생과 수업하는 것을 꺼리다가도, 수업 자체에서 재미를 느끼면서 그 부분을 완전히 잊어버린다. 왜냐하면 본인들도 막상 해보니 그 수준의 수업이 본인에게 정말 도움이 되고 재미있고 또 딱 맞다고 느끼므로, 자연스럽게 조금씩 성취감을 쌓아가면서 자신감도 생긴다는 것을 알기 때문이다.

매월 500문장 이상 쓰고 말하다!

레벨 테스트에 따른 에세이 수업과 병행해서 하는 수업이 있다. 바로 영어 논술 수업인데, 이 수업은 총 9단계로 이루어진다.

1단계는 원어민이 발음하는 단어를 듣고 따라 말한 후 영어로 받아쓰기를 한다.

2단계는 레벨별로 수준에 맞는 동영상 강의를 듣는 수업이다. 아이들은 이 수업을 듣고 같이 수업하는 친구들에게 설명하는데, 이때 한국어와 영어로 번갈아가면서 한다.

또 하나 우리 학원에서 2022년 9월부터 준비 중인 동영상 강의가 있다. 바로 메타버스 안에서 아바타를 이용해 강의를 진행하고 학생들의 질문에 AI가 답을 하는 프로그램이다. 이 방식은 아이들에게 새로운 체험을 하게 해줌으로써 학습 효과를 올려줄 것이라 기대한다. 현실에서 하든 메타버스 플랫폼 안에서 아바타로 강의를 듣든, 아이들이 수업에서 학습한 내용을 스스로가 다시 설명하는 방식은 메타 인지를 높여주어 학습 효과를 극대화하는 데 큰 도움을 준다.

3단계는 각 에세이의 챕터에 있는 한글로 된 28~35개 문장들을 학생들이 영어로 말하거나 상대방이 한글 문장을 말하면 3초 이내로 영어로 말하게 하는 것이다. 이 방식은 게임 형태로 진행되며 아이들은 각각 말한 문장을 영어로 써야 한다. 동시 통역가들이 하는 방식이라고 생각하면 된다.

4단계는 영어로 쓰기 연습(Practice Writing)을 하면서 앞 단계에서 배운 내용을 다시 한 번 복습한다.

5단계는 문법을 배울 수 있도록 15쪽 내외의 짧은 이야기를 매일 30번씩 듣고 따라 읽는다. 이때는 원어민이 읽는 소리를

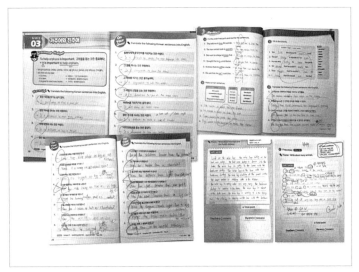

듣고 원어민의 발성과 억양을 똑같이 따라서 연습하게 한다.

6단계는 영어 교재를 활용해 스토리를 영어 문장으로 쓴다 (주제별 스토리의 한글 문장을 영어로 번역해서 스스로 쓰게 한다).

7단계는 원어민이 읽어주는 스토리를 듣고 영어로 받아쓰기를 한다.

8단계는 배웠던 문법과 어법 그리고 에세이를 위한 스토리와 어휘를 복습하는데, 배웠던 혼합된 한글 문장을 영어로 쓰고 말하는 연습을 한다.

9단계는 주제를 정해서 10~20문장까지 영작을 하는 연습을 한다. 학생들이 제출한 영작은 원어민 선생님이나 AI가 첨삭해서 피드백을 받는다. 이 단계에서 아이들은 실제 중학교와 고등학교 수행평가 글쓰기 수준으로 실력이 올라간다.

아이들은 이 같은 방식으로 주 2~4회, 90분 이상 공부하며 영어 문장의 어순을 체화하게 된다. 초등학교 고학년부터는 한 달 평균 500~600문장씩 쓰고 말할 수 있게 된다. 영어 원서를 기준으로 한 페이지당 8~9문장으로 이루어지는데 한 달 500문장이면, 60쪽의 원서를 읽는 셈이다. 이것이 쌓여 석 달에 짧은 영미 소설 1권을 읽는 셈이 된다. 1년이면 5~6권의 원서를 정독해서 읽는 수준이 된다.

중학교 때 완성하는 수능 영어 졸업제 운영

우리 학원에 오는 아이들은 중학교 때 수능을 완성하는 것이 목표다. 이를 가능케 하기 위해 나는 영어로 논술하는 수업 방식을 채택했다. 어렸을 때부터 책을 많이 읽는다고 해도 언어 영역이 반드시 잘 나오지 않는다. 어느 정도 임계량은 필요하지만, 방향성과 목표를 정해줄 필요가 있다.

사전적 의미의 데이터 리터러시는 '데이터를 읽고 그 안에 숨겨진 의미를 파악하는 데이터 해독 능력'을 말하는데, 나는 이것을 '문장을 읽고 쓰면서 넓고 깊게 보는 능력'이라고 표현하고 싶다. 넓게 본다는 것은 문장의 양과 다양한 주제를 확보

하는 일, 깊게 본다는 것은 문장의 질과 관련이 있다. 그래서 다양한 고전 스토리와 비문학 문장들을 통해 생각의 전환을 이끄는 영어 논술로 중학교 때 수능 영어 완성을 목표로 하고 학생들과 학부모님께 제시하고 있다.

위와 같은 커리큘럼과 수업 방식으로 우리 학원은 초등학교 5~6학년 학생들이 그해 12월까지 중학교 과정을 완성하고, 초등학교 4학년~중학교 2학년 학생들은 고1 수능 과정을 그해 12월까지 완성하고 있다.

학습 이력을 메타버스 플랫폼으로 이전하다

우리 학원의 가장 큰 특징은 교재와 콘텐츠 포트폴리오를 메타버스 플랫폼에 이전하는 것이다. 학부모님들이 자녀의 학습 과정을 보고 싶다는 말을 많이들 한다. 예전에는 카카오톡으로 학생들의 교재와 말하기와 쓰기 발표 활동을 보내줬는데, 며칠이 지나면 영상들을 볼 수 없다는 불편함을 호소했다. 그래서 현재 일대일 밴드를 만들어 학생별 콘텐츠를 올리고 피드백을 받고 있다. 학부모님들은 3개월 후, 6개월 후 그리고 1년 후의 영어 역량이 키워진 과정을 한눈에 볼 수 있어서 우리 공부방에 더욱 믿음과 신뢰를 가질 수 있다고 말한다. 앞으로는 메타버스 플랫폼으로 학생들의 콘텐츠를 이전시켜 학생들만의 개별 서재 공간을 만들어 서재 안에 영역별로 전자책 파일 형태로 3차원적인 포트폴리오를 채워갈 예정이다.

학생들은 몇 달 전 자신의 영어 역량 히스토리를 입체적으로 구현된 포트폴리오로 볼 수 있고, 현재의 과정으로 미래에 어느 단계까지 실력이 향상될 수 있는지 시각적으로 보게 된다. 이런 경우에 학생들은 더욱 생생하게 자신들의 과거, 현재, 미래의 영어 역량 모습을 볼 수 있게 돼 더 확실한 동기부여와 자극을 받을 수 있게 될 것이다.

'아카데미 라이팅' 5단계

EBS 한일 선생님과의 인연

2014년 '○○출판사'에서 주최한 학원과 영어 공부방 선생님들을 상대로 한 강연회에서 나는 'EBS 영문법 레전드'라는 별명으로 유명한 '한일' 선생님을 처음 보았다. 한일 선생님의 EBS 영어 수업은 쓰기와 문법이 위주였는데, 강연회 당일의 주제는 '영어 어원과 콘텐츠란 무엇이고 어떻게 구성해야 하는가'에 대한 것이었다.

한일 선생님은 친근하면서도 유머스럽게 강의를 아주 잘 이끌어갔다. 처음 만난 여러 영어 원장님들 앞에서 본인의 바닥수준 영어 실력을 가지고 위스콘신대학교에 입학해서 수많은 실패와 실수를 하면서 공부한 이야기를 솔직히 들려주었다. 그러고는 그렇게 힘들게 위스콘신대학교를 졸업했는데도 막바로 일자리를 구하지 못했다고 말씀하셨다.

그러다가 우연히 주급 1달러를 받아가면서 1년 정도 봉사하는 마음으로 미국의 이민자들과 기초생활수급자들한테 영어를 말하고 쓸 수 있게 코칭을 하셨다고 했다. 그때 코칭했던 콘텐츠를 기반으로 만들었던 것이 한국에 돌아와서는 10년 넘게 자신을 EBS에서 대표 강사로 살아남게 해준 계기가 되었다고 말했다. 그러기에 본인이 갖고 있는 콘텐츠를 필요로 한다면, 아낌없이 다른 사람들한테 나눠줄 수 있다고 했다.

그 강연을 들은 나는 바로 한일 선생님한테 달려가 한일 선생님의 콘텐츠를 교육받고 쓰고 싶다는 이야기를 하면서 코칭 수업을 오픈해달라고 부탁드렸다. 한일 선생님께서는 흔쾌히 수락하셨고, 그다음 주에 바로 서울 마포구에 '한일영어훈련소' 학원으로 몇몇 원장님과 함께 교육을 받게 됐다.

처음부터 학생의 자세로 영어 라이팅 코칭을 받다

나는 2014년 여름부터 6개월 이상 매주 토요일 오전에 한일 선생님 학원으로 갔다. 그날은 학생의 자세로 한일 선생님의 콘텐츠를 코칭받았다. 가장 재미있고 기억에 남는 것은 '아카데미 라이팅' 코칭 수업이었다. 한일 선생님은 미국 대학교

2학년 때 배웠던 원서 지문을 주제별로 발췌해서 별도의 교재로 만들었고 그것을 우리에게 나누어주었다. 교재 이름은 강의 제목과 동일한 《아카데미 라이팅》이었고, 발췌한 지문들은 사회학, 경제학, 인류학, 심리학 등 다양한 내용들이었다.

한일 선생님은 교재에 나온 이런 주제별 문장들을 타깃(Target) 01~50번까지 지정해 세부적으로 영어 라이팅을 하게 했다. 예를 들어 타깃 01에는 인류학 과목 중 일부 문장들이 씌어 있다. 처음에는 읽으면서 모르는 단어를 형광펜으로 표시하게 했다. 그다음 표시한 형광펜 밑에 번호를 적고, 교재 여백에 번호를 다시 쓰고 영한사전에서 단어를 찾고 의미를 한글로 쓰게 했다. 그러고는 알게 된 단어를 기반으로 다시 타깃의 지문을 읽고 해석까지 1차적으로 한다. 그런 후 밑줄에 나오는 한국말을 영어 원문인 타깃 문장(Target Sentence)에서 찾아 영어로 적게 한다.

교재에는 'Target Sentence' 원문 내용이 난이도별로 해석돼 있었다. 레벨이 올라갈수록 새로운 단어와 표현이 더해지기 때문에 코칭 받는 사람들은 어떻게 문장이 구성되어 있는지 그 경로(Root)를 따라올 수 있게 만들었다.

예를 들어 'Target Sentence' 아래 레벨 1은 '쟁기는 허락합니다(가능하게 합니다)'라고 한글이 씌어 있다. 이 한글을 보고 'Target Sentence' 원문에서 'Plows permit'이라는 영어 문장을 찾아 쓴다. 레벨 2는 '밭을 가는 것으로써, 쟁기는 허락한다'라는 한글이 씌어 있다. 그러면 또다시 원문에서 'By turning the soil, plows permit'을 밑줄 친 문장을 추가해서 찾아 쓰는 것이다.

이렇게 레벨 1부터 기본 문장으로 시작해서 레벨이 올라갈수록 새로운 단어와 표현들이 추가되면서 소리 내서 읽고 쓰게 코칭받는 것이다. 마지막은 원문(Target Sentence) 일대일 번역으로 이 번역문을 모두 영어로 옮길 수 있게 한다. 그런데 이미 앞에서 써왔기 때문에 단어뿐 아니라 문장과 내용도 암기가 잘된다. 이렇게 이 교재에 나온 번역문을 다 영어로 옮길 수 있으면 미국 대학에 가서도 충분히 공부할 정도의 수준이 된다. 이 부분까지가 '아카데미 라이팅'의 1단계다.

2단계는 팝업 테스트(Pop Up Test)로 원문(Target Sentence)에서 중요한 단어와 표현들 그리고 문법의 완성을 위해서 필요한 단어들을 빈칸(Blank) 처리를 한다. 마치 외운 것처럼 손끝에서 써지는 경험을 하게 된다.

'아카데미 라이팅' 3단계는 응용 라이팅(Paragraph Construction)이다. 그동안 영어 원문(Target Sentence)을 통해서 익힌 아카데믹한 단어와 표현을 이용해서 또 다른 아카데믹한 문장에 도전해보는 것이다. 문장이 이루어지는 순서 그리고 단어가 들어가는 자리에 대한 센스를 키울 수 있다. 코칭을 받으면서 앞에서 배운 단어와 표현을 사용해서 글을 쓰다 보면 스스로가 이 정도의 라이팅이 가능하다는 사실에 놀라게 될 정도였다. 게다가 '단어 팁(Word Tips)'에서 소개되는 유용한 단어와 표현들을 이용해서 글을 쓸 수 있기 때문에 충분히 도전할 만한 단계였다.

4단계는 어휘 테스트다. 반드시 알아야 할 단어와 표현들이고, 이 단어와 표현을 익혀서 대학 수준의 글을 쓰는 데 결정적인 도움을 받게 되는 단계다.

마지막 5단계는 문장구조(Sentence Construction)로 정형화돼서 공식처럼 쓰이는 문장들이다. 어떤 주제의 글을 쓰든지 단어만 바꿔가며 응용해서 쓸 수 있는 대단히 실전적인 문장들이다. 외우기만 해도 실력이 되는 단계다.

이렇게 나는 '아카데미 라이팅'을 타깃 01~50번까지 5단계를 거쳐 한일 선생님께 코칭을 받았다. 매번 과제도 내주셨는데 6개월 정도 공부방 수업하기 전까지 시립도서관에서 3~4시간씩 공부하곤 했다. 나를 비롯한 몇몇 원장님들의 코칭받고자 하는 열정에 한일 선생님은 더 많은 콘텐츠를 제공했다.

이런 콘텐츠를 내가 먼저 해보고 학생들에게 접목을 하니 확실한 나의 공부방 무기가 되는 콘텐츠가 됐다.

학생들의 결과물이 나오다

'아카데미 라이팅'은 2022년 현재까지 공부방의 강력한 콘텐츠다. 나는 2015년부터 계속 업데이트한 아카데미 라이팅 콘텐츠를 학생들한테 코칭하면서 보람과 재미를 느낀다. 내가 아카데미 라이팅을 가장 좋아하고 자신 있어하는 걸 학생들도 아는지 여태껏 많은 학생들한테 아카데미 라이팅을 활용할 때 '하기 싫다'라는 소리를 한 번도 들어 본 적이 없다.

학생들의 영어 수준이 어떻든 간에 영어 기본 문장 어순을 체화해낸 중학생부터는 우리 공부방에서는 '아카데미 라이팅' 코칭 수업을 듣게 한다. 6학년 때 우리 공부방에 다니기 시작해서 중학교 1학년부터 아카데미 라이팅 수업을 한 J가 있었다. 아카데미 라이팅 첫날 수업 때, J는 원문(Target Sentence) 지문 자체를 한글 해석을 봐도 이해하지 못하겠다고 말했다. 나는 아카데미 라이팅 50%만 이해해도 되고, 원문을 보고 쓴 후 다음 타깃으로 넘어가도 괜찮다며 이왕 시작했으니 타깃 50번까지는 끝까지 해보자고 J에게 말했다.

그렇게 해서 J는 나와 수업을 하며 '아카데미 라이팅'의 타깃 01~50번까지 한 번 완독하는 데 석 달 이상 걸렸다. 그런데 '아카데미 라이팅' 2회독을 해나가면서 J에게 변화가 생겼다. 타깃 원문 이해력이 향상되면서 답안지를 보지 않고 스스로 라이팅을 해나가기 시작한 것이다. 게다가 J의 '아카데미 라이팅' 속도

TARGET SENTENCE

By turning the soil, plows permit land to be farmed for decades, so people live in permanent settlements. (과목 : Anthropology / 인류학)

응용 Writing (Paragraph Construction)

영구적인 정착지에 살기 위해서 사람들은 새로운 농경기술을 채택해야만 했습니다. 쟁기는 수 십년 동안 밭을 갈음으로 땅이 경작되도록 했기 때문에 쟁기의 발명은 농경사회 사람들에게 전환점이었습니다.

Word Tip

permanent settlement : 영구 거주지	adopt : 채택하다, 양자로 삼다	farming technique : 농업기술
plow : 쟁기	turning point : 전환점	agrarian people : 농경사회 사람들
permit : 허락하다	decade : 10년	turning the soil : 땅(밭)을 갊, 경작함

Sentence Construction

》 청형화 되어서 공식처럼 쓰이는 문장들입니다. 어떤 주제의 글을 모든지 단어만 바꿔가며 응용해서 쓸 수 있는 대단히 실천적인 문장들입니다. 외우기만 해도 실력이 됩니다.

/ 쟁기의 발명은 / / 농경기술에 있어서(농경기술을 위해서) /
/ 획기적인 사건(전환점)이었습니다 /.

~ /

※ Words To Know : invention, plows, a turning point (milestone), the farming technique

출처: 한일 영어 훈련소

도 점점 빨라졌다. 또한 그전에는 내가 J한테 질문을 하면 '예!' '아니오' 단답형으로만 대답했는데 아카데미 라이팅 2회독을 하고 나서부터는 제법 긴 문장으로 답을 하고 본인의 생각을 표현하는 능력도 보여주었다.

J가 중학교 1학년 2학기 때부터 중학교에서 영어 지필고사 시험을 봤는데, J가 다녔던 중학교는 서술형이 어렵고 교과서 외의 외부 지문을 출제하기로 유명한 학교였다. 그럼에도 불구하고 J는 영어 시험 성적을 항상 80점 이상 받아왔다.

그런데 시험을 본 후 J의 어머님과 통화하면서 알게 된 사실이 있다. 영어 점수 빼고 다른 과목은 30~40점대라는 것이었다. 나중에 J와 대화를 하면서 J는 '아카데미 라이팅'을 하면서 도전과 몰입을 알게 되었고, 본인이 해나가면서 영어에 대한 자존감도 올라가게 되었다고 말해주었다. J는 고등학교에 올라가서도 영어 과목의 내신과 입시 모두 1등급을 받고 현재 대학교에서 영어영문학을 전공하고 있다.

'아카데미 라이팅'을 3차원 메타버스에 탑재하다

나는 '아카데미 라이팅' 타깃 지문들에 나온 인류학, 철학, 역사, 심리학 등을 학생들이 3차원으로 경험하면 어떨까라는 생각을 많이 했다. 특히 3차원 메타버스 플랫폼을 도입하면서 제일 먼저 콘텐츠 탑재는 아카데미 라이팅을 생각했다. 예를 들어 타깃 문장 중에 '쟁기'라는 도구로 인해 유목민들이 농업 생활로 바뀌었다면, 3차원 메타버스 플랫폼으로 들어가 당시의 배경에서 쟁기를 들고 학생들의 '부캐(온라인 게임 용어인 부캐릭터의 줄임말로, 평소 모습이 아닌 새로운 모습이나 캐릭터를 지칭함)'들이 직접 밭을 가는 것이다. 그리고 사물들에 영어 단어가 팝업으로 나와서 몇 번의 손짓으로 문장을 배열해 보게 하는 것이다.

또한 타깃 지문에 나온 배경을 돌아다니며, '해당 영어 단어를 부캐가 찾아다니는 방식으로 구현하면 어떨까?' 하는 생각도 해봤다. 그리고 한글 응용 라이팅 문장을 보면, 원문에 나온 인물로 등장해서 영어로 말하고 쓰고 발표까지 하게 하는 것이다.

'아카데미 라이팅'의 타깃 50개의 주제별 상황을 모두 3차원 메타버스에 탑재하기까지는 시간이 적잖이 걸릴 것이다. 현재는 시간과 비용적인 측면 때문에 바로 한꺼번에 구현하기는 힘들지만, 시험적으로 4~5개만이라도 3차원 메타버스에 구현시키는 준비를 하고 있다.

이런 방식으로 '아카테미 라이팅' 수업을 오프라인과 3차원 메타버스 플랫폼 안에서 병행한다면, 학생들은 글과 이미지로 영어 라이팅을 하게 되면서 확실히 영어 역량을 단기간에 끌어올릴 수 있을 것이라는 확신이 든다.

에세이
4단계

한국 교육의 핵심은 공포와 두려움?

《교육의 미래, 티칭이 아니라 코칭이다》(폴 김·함돈균, 세종서적, 2020)의 공동 저자 폴 김 교수는 한국의 교육 혁명에 대한 인터뷰에서, 자신이 전 세계를 돌아다니면서 많은 교육 현장을 보고 체험한 결과 한국의 교육 상황과 다른 나라를 비교적 객관적으로 비교할 수 있는 시야와 위치를 확보했다면서, 이런 경험을 고려해볼 때 한국의 교육은 "공포, 두려움을 기반으로 한 교육제도"인 것 같다고 말했다. 부모와 학생들이 제각각 '두려움'이 바탕에 깔린 교육 체험을 강요당하고 있다는 것이다.

나는 폴 김 교수의 말에 크게 공감하면서 매우 안타까운 마음이 들었다. 그래서 부모들과 교육 현장에 있는 교육자가 두려움에 따른 교육 지침이나 남들처럼 해야 한다는 생각에서 벗어나서, 세상에 오직 하나뿐인 이 아이가 어디에 관심이 있는지, 정말 잘하는 게 무엇인지를 제대로 고려하고 관찰하면서 가능하면 아이들에게 많은 것을 보여줄 수 있는 학습 환경을 제공하고자 노력했다.

아이들에게 자극은 많으면 많을수록 좋다. 내가 동네마다 있는 작은 도서관부터 전철 타면 닿을 수 있는 박물관과 미술관, 다양한 체험 놀이 행사, 연극, 음악회, 뮤지컬 등의 무대 공연 등에 아이들을 360도 노출시키고 많이 보여주는 것이 최고의 교육이라는 철학을 갖게 됐기 때문이다.

내가 영어 공부방에 메타버스 플랫폼을 활용하려는 시도도 이와 맥을 같이한다. 다양한 매체로 많이 보여주고 스스로 생각하게 하는 것이 스스로 질문하는 학생으로 만들 수 있다고 나는 믿는다. 학생이 던진 질문에 학생이 답하고, 또 그 질문에 다시 질문을 던지는 상호작용이 부모나 학생, 선생님과 학생 간에 이루어진다면 아이들의 학습과 경험은 상당히 풍부해질 수밖에 없다. 우리 공부방에서는 이런 학습과 경험을 한층 더 깊게 하기 위해 '에세이 쓰기'를 진행한다. 에세이 쓰기를 하면서, 학생들은 공포와 두려움에 기반한 학습이 아닌 오감을 총동원해서 깨달음을 얻을 수 있는 다양한 원리와 개념, 현상을 배울 수 있게 된다.

영어 에세이 4단계 구조

어릴 때부터 영어 글쓰기 교육을 받아오지 않은 학생들은 영어로 에세이를 쓰라고 하면 생각은 많은데 그것을 어떻게 영어로 표현하고 어떤 방식으로 문장을 시작해야 할지 몰라 고민하는 시간이 매우 길다. 스스로 생각하기에도 인풋이 부족한데 어떻게 에세이를 써야 하는지 막연하기에 부담을 느끼고 짜증도 많이 낸다. 그리고 겨우 에세이를 쓰기 시작하면 항상 'It'과 'I'로 문장을 시작하려고 한다. 그런 문장을 남발하기 때문에 써온 에세이를 읽어보면 일기 느낌이 난다.

그래서 나는 학생들에게 우선 영어 에세이의 기본 구조를 코칭한다. 그리고 잘 쓴 에세이를 보고 처음에는 그대로 베껴 쓰라고 지시한다. 그다음에는 명사, 동사만 바꿔서 에세이를 쓰게 한다. 그런 방식으로 에세이를 5~6편을 쓰고 나면 학생들은 저마다 자신의 색깔을 찾아가며 자기만의 에세이를 쓸 수 있게 된다.

영어 에세이는 도입과 보디 2개, 결론 이렇게 크게 네 가지로 구분할 수 있다.

첫째, 도입(Introduction)은 자신이 어떤 주제로 무엇을 쓸지에 대해 미리 설명하는 부분이다. 이때는 조금은 자극적이고 비유가 풍부한 표현을 사용한 낚시(Hook) 문장을 적어서 독자의 흥미를 끄는 것이 중요하다. 앞으로 독자가 읽게 될 내용이 어떤 것인지에 대해서 알려주는 부분이라고 생각하면 된다.

보디(Body Paragraph)는 본문이다. 본문을 쓸 때는 주제별로 단락을 나눈다. 보통 총 2개로 나뉘는데 각 단락마다 포인트를 주어 나열하고 설명한다. 그리고 나서 근거 자료를 제시한다. 근거 자료가 말하고자 하는 결론을 설명하고 그 설명이 결론 부분으로 넘어갈 수 있도록 여지를 남겨준다.

결론(Conclusion)은 주제문을 다시 한 번 강조하고 작성된 에세이에 대해 간단히 요약하는 부분이다. 마지막으로는 이 에세이의 핵심이 무엇인지 알 수 있는 '카운터' 문장을 날려준다. 왜 위에 나열된 본문의 내용들이 결론에 도달했는지 알려주는 글이라고 보면 된다.

이렇게 에세이 네 가지 단계를 코칭하면서 학생들로 하여금 유용한 표현들은 반드시 익히도록 하고 있다.

다음은 에세이를 작성할 때 학생들이 각 의도에 맞게 쓸 수 있는 몇 가지 표현 방식이다.

첫 번째, 중요성을 강조하는 표현은 'one of the 최상급'을 활용한다.

- A common hobby is one of the most important things in ideal marriage(공통의 취미가 이상적인 결혼생활에 있어서 가장 중요한 것 중 하나다).

- Racial profiling is one of the biggest threats to social equality(인종차별화하는 것이 사회 평등의 가장 큰 위협이다).

두 번째, 서술할 때는 'It is'나 'There is' 또는 'and'로 연결한다.
- It is a well-known fact(이하 사실은 매우 잘 알려져 있습니다).
- There is no doubt(이하 사실에 대한 의심에 여지가 없습니다).
- Most scientists and researchers agree(과학자들과 연구원들이 밝혀냈습니다).

세 번째, 유명한 사람의 말이나 이론을 인용할 때는 'According to'나 'In the words of' '주어 + once said that' 등으로 표현을 익히게 한다.
- According to the Nano theory(나노 이론에 의하면~)
- In the words of Donald Trump(도널드 트럼프의 말을 인용하면~)
- Barack Obama once said that~(버락 오바마는 ~라고 말했습니다).

네 번째, 결론 도입하기는 다음의 구로 시작하게 한다.
- In conclusion,
- To sum up,

• To summarize,

다섯 번째, 근거 자료를 제시할 때는 다음과 같이 하면 한눈에 알아보기 쉽다.

• Firstly,

• Secondly,

• Thirdly,

| 에세이 쓰기 실전 |

주제	Studying alone? Which one do you think is better? (혼자 공부하기? 당신은 어느 것이 더 낫다고 생각하는가?)	
도입: (Introduction) 에세이의 시작에 쓸 내용	1. 주제에 대한 일반적인 생각이나 의견 (General Statement)	There are many studying types that can influence results. (결과에 영향을 줄 수 있는 많은 공부 유형들이 있다.)
	2. 앞으로 쓸 내용 준비 (Weak Thesis Statement)	I prefer to be with my friends when I study. I see two good advantages about working together. (나는 공부할 때 친구들과 함께 있는 것을 선호한다. 나는 함께 공부하는 것에 대한 두 가지 장점을 본다.)
	3. 무엇에 대해서 쓸지 결정 (Strong Thesis Statement)	I can have information from my friends and I can check what I am doing is right or wrong immediately. (나는 친구로부터 정보를 얻을 수 있고 내가 하고 있는 것이 옳은지 잘못됐는지 즉시 체크할 수 있다.)

보디 1: (Body Paragraph 1) 에세이의 중간에 쓸 내용	1. 첫 번째 결정한 것에 대해서 쓰기 (Topic Sentence)	First, if I study alone, I may face a lack of information during my study. It will take much more time and effort for me to find the information I need. Who can help me? My friends studying with me can help with this problem. (첫째, 만약 내가 혼자 공부한다면, 나는 공부하는 동안 정보의 부족함에 직면할지도 모른다. 그것은 내가 필요한 정보를 찾기 위해 많은 시간과 노력이 걸릴 것이다. 누가 나를 도와줄 수 있다면? 나와 함께 공부하는 나의 친구들이 이 문제를 함께 도울 수 있다.)
	2. 보기나 예제를 쓰기 (Example)	For example, I know one historical event, but I have no idea when it happened. If my friend know the date and year, we can share our information and gain more solid knowledge. (예를 들어 나는 하나의 역사적 사건을 알지만, 언제 그것이 발생했는지는 모른다. 만약 나의 친구가 날짜와 연도를 안다면, 우리는 정보를 공유할 수 있고 더 탄탄한 지식을 얻을 수 있다.)
	3. 마무리하기 (Simple Conclusion)	This is a merit of cooperation. (이것이 협력의 장점이다.)
보디 2: (Body Paragraph 2) 에세이의 중간에 쓸 내용	1. 첫 번째 결정한 것에 대해서 쓰기 (Topic Sentence)	Second, I remember that I once studied a wrong subject and did a poor performance on my test. It was because I had no one around me and told me that I was doing wrong. If I study with my friends, I can ask them to review my materials. (두 번째, 나는 내가 잘못된 주제를 한때 공부했던 기억이 난다. 그리고 시험에 좋은 성과를 내지 못했다. 그것은 내가 내 주변에 아무도 없었고 나한테 잘못하고 있다고 말해준 친구가 없었다. 만약 내가 나의 친구들과 함께 공부했다면 나는 그들에게 나의 과목들에 대해 복습할 수 있도록 요청할 수 있었다.)

보디 2 : (Body Paragraph 2) 에세이의 중간에 쓸 내용	2. 보기나 예제를 쓰기 (Example)	For instance, when I miss some important elements during the preparation for the test, my friends next to me can easily notice my mistakes and correct me. (예를 들어 내가 시험 준비 동안 몇몇 중요한 부분을 놓쳤을 때, 내 옆에 있는 나의 친구들이 쉽게 나의 실수를 알아차릴 수 있고, 나에게 올바로 알려줄 수 있다.)
	3. 마무리하기 (Simple Conclusion)	By helping one another in this way, we can make a more reliable and a safer environment to study. (이 부분에서 서로서로 도움을 주고받음으로써, 우리는 공부하기에 더 신뢰할 수 있고 더 안전한 환경을 만들 수 있다.)
결론 (Conclusion)	에세이가 어떤 주제에 대한 것인지 한두 줄로 요약(Brief Summary)	In conclusion, there are individual differences in the style of studying. (결론적으로, 공부하는 스타일에 있어서는 개인적인 차이점들이 있다.)
	보디 1, 보디 2를 다른 말로 정리하기 (Paraphrasing)	However, I do see two positive sides of studying together. That is, my friends can provide information I do not have and guide me to the right direction. (그러나 나는 함께 공부하는 것의 두 가지 긍정적인 측면을 볼 수 있다. 그것은, 나의 친구들이 내가 갖고 있지 않은 정보를 제공해줄 수 있고 올바른 방향으로 나를 이끌어줄 수 있다.)
	최종 결론 (Final Decision)	Therefore, I believe it is always wise for me to have someone with me who can exchange help when I study. (그러므로 나는 내가 공부할 때 도움을 주고받을 수 있는 누군가와 함께 있는 것이 현명하다고 믿는다.)

CNN 뉴스룸 등이
모두 열리는 공부방

CNN 앵커가 되다!

2019년도 학원을 개원할 때 원장실 옆에 1인실 스튜디오 방을 만들었다. 영어 말하기 콘텐츠를 도입해서 사용하고 있었기 때문에 스튜디오 방을 제작해놓은 것이다. 거기에는 말 그대로 앵커처럼 책상과 마이크 그리고 카메라를 설치해 놓았다.

나는 이곳에서 다양한 활동을 할 수 있도록 여러 종류의 프로그램을 만들었다. 디즈니 애니메이션의 역할극을 연습한 후 해당 대사를 1인실 스튜디오에서 녹음을 한다거나, 김연아 선수가 평창 동계올림픽 개회사를 했던 영어 대사를 외우게 한 후 실제 김연아 선수가 된 듯 스튜디오에 들어가서 촬영을 하게끔 했다.

이 중 가장 기억에 남는 것은 10명가량의 학생들에게 '경기도 영어 말하기 대회'를 준비하게 한 일이다. 주제는 '내가 가장 존경하는 인물'이었다. 1분에서 1분 30초 분량의 말하기 준비를 해야만 했다. 학생들은 영어 스크립트를 써 와서 첨삭을 받고 하루에 2~3시간씩 영어 말하기 대회 연습을 했다. 그렇게 연습을 한 후, 말하기 대회 일주일 전에는 1인실 스튜디오 룸에 한 명씩 돌아가며 들어가서 실제 영어 말하기 대회에서 하는 것처럼 다양한 소품을 활용해 말하기를 했다.

처음에는 어색해하던 학생들이 하루에 10번 이상을 1인실 스튜디오에 들어갔다 나왔다 하다 보니 점점 목소리 톤도 좋아지고 표정과 몸짓도 CNN 앵커처럼 자세가 잡혔다. 그렇게 말하기 대회 나가는 날 아침까지 스튜디오에서 연습을 했다. 그랬더니 실제 말하기 대회에서는 학생들이 전혀 떨지 않고 자연스럽게 영어 말하기를 했다. 그리고 말하기 대회에 나갔던 10명의 학생들 중 한 명은 당당하게 '대상'을 받는 성과를 올리기도 했다.

골든벨을 울려라

우리 공부방에 다니는 초등학생들은 6개월 이상 되면 어느 정도 초등 어휘와 일상 어휘를 익히게 된다. 아이들이 500개 이상의 어휘를 학습하고 나면 1년에 한 번 하반기에 '골든벨을 울려라' 이벤트를 연다. KBS 〈골든벨을 울려라〉의 영어용 초등학생 버전이라고 보면 된다.

이 이벤트를 하는 날에는 초등학교 저학년 아이들도 유튜브로 KBS 〈골든벨을 울려라〉 프로그램을 보고 의상을 비슷하게 맞춰 입고 온다. 이름을 붙인 모자를 뒤집어쓰는 것마저 따라 한다. 그리고 각자 화이트보드와 펜을 준비해서 책상이 아닌 교실 바닥에 앉는다. 이벤트를 준비한 선생님은 난이도를 아주 쉬운 알파벳부터 점점 어려운 수준까지 조절해서 출제한다. 공부방에 있는 TV 스크린에 문제를 출제하면, 정답을 맞힌 학생들은 화이트보드를 머리 위로 힘껏 들어 올려 흔들고, 정답을 맞히지 못하면 교실 왼쪽으로 가서 앉는다. 가끔 답을 못 맞힌 학생들은 억울하다고 눈물도 흘리긴 하지만, 정답을 맞힌 학생들이 절반밖에 남지 않을 때면 '패자부활전'으로 살아날 기회를 주므로, 아이들은 다시 한 번 도전할 용기를 얻곤 한다.

이때 나는 한 가지 조건을 건다. 바로 본인 이름을 영어로, 그것도 엉덩이로 쓰는 미션이다. 이 벌칙을 수행한 후에 재참여를 시켜주면 울었던 학생들도 다시 신이 나서 웃음이 떠나지 않는다. 그렇게 골든벨 이벤트를 해서 최종적으로 남아 있는 학생은 장식해놓은 골든벨을 울리게 된다. 그리고 그 골든벨 앞에서 상장과 도서상품권 시상을 한다. 모든 과정들은 영상으로 블로그나 개인 밴드에 올려 학부모님들과 공유한다.

플리마켓(Flea Market)을 열다

5월 5일 어린이날을 맞이할 즈음, 나는 학생들과 뜻깊은 이벤트를 한다. 학생들의 애장품이나 깨끗한 중고품을 갖고 와서 교실을 하나의 가게로 세팅하는 이벤트다. 일부 필요한 물건들은 자신이 별도로 구매하지만, 되도록 학생들이 갖고 있는 물건들을 각자 가져와서 다른 사람들한테 판매하도록 정리해서 펼쳐놓게 한다. 그리고 물건을 사고 싶은 학생이나 물건을 파는 학생들 모두 영어로 말하는 전제 조건을 제시한다.

비록 플리마켓을 하기 전에 마켓에서 사용할 수 있는 회화의 기본 폼은 작성해서 주지만, 학생들한테 필요한 단어나 문장은 검색해서 추가한 후 암송하라고 제시한다. 기초 단계의 학생들인 경우는 'How much is it?' 한 문장만 계속 얘기하지만, 대다수 학생들은 소비자와 판매자 입장에서 응용한 영어 문장을 연습해서 활용한다. 또한 판매자 입장에 있는 학생들은 물건의 가격과 가치까지 영어로 설명하면서 자신의 물건들을 많이 팔려고 노력하는 모습을 보이기도 한다. 나는 이렇게 플리마켓에서 얻은 수익금은 자선 단체에 기부한다.

핼러윈 파티와 추수감사절 이벤트

2년에 한 번씩 나는 공부방 학생들과 핼러윈데이를 기념한다. 2018년 10월에는 중학생들까지도 핼러윈데이에 참여하게끔 했다. 나도 머리에 빨간 악마 그림이 그려진 헤어밴드와 진한 화장으로 분장을 했다. 좀 과하다 싶어서 지우려고 하던 찰나에 공부방에 입장한 아이들의 분장한 모습에 오히려 내가 검소한 분장이었음을 느꼈다. 학생들은 머리에서부터 발끝까지 핼러윈데이만을 기다렸다는 듯이 분장을 매우 화려하게 한 것이다. 공부방 분위기 또한 '유령의 집' 형태로 커튼이며, 장식품 등으로 꾸며서 그런지 학생들의 분장이 더욱 돋보였다.

이렇게 우리는 각자 분장하고 연출한 옷을 입고, '핼러윈' 어원에 대한 퀴즈와 여러 가지 활발한 활동 등을 한다. 가장 기억에 남고 학생들도 좋아했던 활동은 '거미줄에 매달린 과자를 어느 팀이 먼저 먹는지'와 '정해진 시간 안에서 어느 팀이 빨리 붕대로 미라를 꼼꼼하게 만들었나?'였다. 팀별로 초등학교 저학년부터 중학생들까지 섞어서 A, B팀으로 정해서 하니 협조하며 서로 배려하는 모습들을 많이 보여주었다.

그리고 나서 공부방 근처 공원에 가서 '보물찾기'를 했다. 물론 전날 내가 곳곳에 숨겨놓은 물건들을 찾는 것이다. 공원의 일부 공간은 아파트와 바로 인접해 있으면서 인적이 드문 평지가 있다. 그곳에서 나는 아이들과 마음껏 뛰어놀면서 보물찾기, 늑대게임, 땅따먹기 등 아이들과 핼러윈 복장으로 온몸에 땀이 나도록 다양한 이벤트를 즐긴다. 코로나19로 인해 3년째 핼러윈데이를 즐기지 못해서 더 아쉽다. 그러기에 나는 즐겁고 다양한 이벤트 프로그램을 3차원 메타버스 공간 안에서 활동하려고 준비 단계에 있다. 가상공간과 실제 공간에서 번갈아 가면서 하면 훨씬 더 이벤트의 재미와 가치를 더해줄 것 같다.

핼러윈 파티를 하지 않은 해에는 어김없이 추수감사절 이벤트를 한다. 이날은 나무 형태를 공부방 거실 창문에 크게 장식한다. 그리고 녹색 잎에 해당하는 종이나 혹은 실제로 단풍잎을 가져와서 학생들이 녹색 잎의 종이나 단풍잎 위에 영어로 편지를 쓰게 한다. 편지 내용은 한 해 감사했던 일을 고마웠던 친구나 선생님, 부모님께 쓰면 된다.

그리고 나서 공부방 책상과 의자를 다 치운 후 둥글게 원 형태로 서로 앉고, 가운데에는 치킨이나 닭강정 및 피자와 음료수 등을 사다 놓고 서로 나눠서 먹고 마시면서, 편지에 썼던 감사한 이야기들을 도란도란 공유한다.

이벤트가 열리는 날은 아이들이 공부방에 오기를 가장 기다리는 날이 된다. 영어 공부는 즐겁게 해야 우리 머릿속에 쉽게 체화된다. 내가 메타버스 등 가상공간과 게임 등을 다양하게 활용하고 여러 종류의 이벤트를 여는 이유도 여기에 있다.

4장

메타버스
공부방에서의
수업은 무엇인가

몰입할 수 있는 환경 안에서
'엉덩이의 힘' 만들기

전무했던 몰입의 경험

시카고대학의 심리학 교수 미하이 칙센트미하이는 《몰입의 즐거움》(이희재 역, 해냄, 2021)에서 몰입의 효과를 이렇게 말했다. "행복은 직접적으로 찾을 때가 아니라 좋든 싫든 간에 우리가 인생의 순간순간에 충분히 몰입할 때 찾아온다."

나는 고3까지 거의 몰입의 순간을 경험하지 않고 지냈다. 학창 시절엔 대충 적당히 했었다. 고3 때는 수학 문제를 풀다가 잠깐 고민해서 풀이가 생각나지 않으면 정답지를 바로 보고 적었다. 그리고 선생님과 부모님에게 보여주기 식으로 점수 나오는 것만 공부하고 넘어갔다. 사춘기를 핑계 삼아 남 탓하고 환경만 탓하며 시간을 보냈다.

대학교에 진학해서도 별다른 주관 없이 흘러가는 대로 철없이 지냈다. 남의 말에 쉽게 귀를 열었고, 남의 말을 쉽게 믿었다. 그러다가 1990년대에 친구 소개로 '다단계'를 시작했다. 그 기간 동안 대학교 선후배들 가슴에 못을 박는 행동도 서슴지 않았다. 그렇게 아무런 의심도 고민도 없이 6개월 정도 다단계에 빠져들어 활동하다가 우연히 가족한테 걸리고, 대학교에는 소문이 퍼져 더 이상 학교를 다닐 수 없는 지경에 이르렀다.

하늘이 무너지듯 눈앞이 깜깜했다. 불안했고 낭떠러지 앞에 서 있는 기분이었다. 자살까지 생각할 만큼, 온갖 많은 생각이 다 들고 불행하다는 생각이 들었다. 그러던 와중에 우연히 학교를 옮길 수 있다는 편입제도를 알게 되었다. 나는 그 즉시 부모님 몰래 학교에 자퇴서를 내고 그때 돌려받은 등록금으로 편입 학원에 등록했다.

그때부터 나는 편입 공부에 몰입했다. 하루 종일 수업을 듣고, 점심도 거른 채 교실 한구석에서 수업 내용을 정리하며 복습했다. 부모님께는 도서관에 간다고 말씀드리고 새벽부터 집에서 나와 편입학원으로 향했다. 토요일에는 밤새도록 그 주에 있었던 수업을 정리하고 공부하면서 복습하고 또 복습했다. 그렇게 3개월을 지내니 마음이 너무 편안했고 행복감이 밀려왔다. 행복과 몰입감에 표정과 태도가 달라졌던 덕분인지 주변에 도움이 되는 사람들이 모여들기 시작했다. 학원의 선생님들이 특히 진지한 태도로 수업 후 질문하고 이해가 안 되는 부분은 정중하게 다시 물어보고 해결해가는 나의 모습을 보고 많은 도움을 주었다. 그리고 그 당시 '인터넷과 컴퓨터' 분야의 기회가 많아서 정보공학 분야에 관심을 갖게 됐다. 하지만 고등학교 졸업 후 수학 공부를 거의 한 적이 없어서 수학 실력이 바닥이었지만, 학원 수학 선생님의 도움을 받아 수업 내용을 정리하고 문제를 차근차근 풀어보니 서서히 수학에 대한 자신감을 얻게 되었다. 추후에 편입할 대학교에서 이과 수학 시험지를 봤을 때 숫자만 다를뿐, 평상시에 풀어봤던 문제들만 보였다. 수학 점수는 거의 만점에 가까워서 지원한 모든 대학에 합격했다.

동탄 국제고 5등급! 고려대 경영학부 합격

나는 이때의 '엉덩이의 힘', 몰입이 주는 효과가 얼마나 큰지 깨달았다. 이런 몰입의 효과를 증명한 공부방의 아이가 한 명 있다. 영어 5등급에서 1년 만에 1등급을 달성한 S 학생이다.

중3 2학기 겨울방학 전 공부방에 온 S는 중학교 내내 반장 임원을 했고, 다양한 활동을 통해 D국제고에는 무난히 입학했다. 그런데 첫 고1 영어 모의고사 등급은 3등급, 학교 내신 영어는 5등급을 받았다. 나는 고1의 점수는 중요하지 않고 앞으로 우상향하는 일만 남았다고 S에게 동기부여와 격려를 해주면서, 함께 영어 기본 문장을 기반으로 고1까지 수능 완성 커리큘럼을 구성해서 그에 맞는 콘텐츠를 제공해 주었다. 학교에서는 2주에 한 번 기숙사에서 나오다 보니, 토요일에 3시간, 일요일에 학교 기숙사 들어가기 전 3시간 정도 수업을 했다.

S는 영어 공부를 왜 해야 하는지, 자신이 공부방에 온 목적을 정확히 알고 있었다. 그래서 수업을 들으러 올 때마다 공부방의 환경에 구애받지 않고 몰입을 해서 다른 학생들의 한 달치 분량을 3~6시간만에 소화해 냈다.

공부방에 와서는 2시간 동안 거의 움직임 없이 영어 수업에 집중하고, 5분 정도 쉬는 시간 동안 물을 마시거나, 화장실 갔다 오고 나서 또 몰입을 하며 수업을 했다. 숙제량은 매일 2시간씩 할 수 있는 분량을 내주었는데, 한 번도 숙제를 안 해 온 적이 없었다. 한 달에 한 번씩 수업했던 자료를 제본해서 부모님한테 사인을 받아 오는데, 그 제본 페이지가 800~1,000페이지 정도 됐다.

S의 D국제고등학교 1학년 학교 내신 시험 범위는 다른 일반고 학교 시험 범위의 5배가량 됐다. 그래서 나도 S의 시험 범위에 대한 자료 분석과 공부를 해야 하기 때문에 새벽부터 일어나야 하는 경우가 많았다. S가 몰입하고 내가 준 콘텐츠를 끝까지 하려는 노력이 보였기 때문에 나 또한 더 해주고 싶은 마음이 컸다.

그렇게 S는 학교 내신 등급이 5등급으로 시작해서 계단식으로 3개월에 한 번씩 등급이 점프하게 됐다. 그리고 S가 고2 1학기 중간고사 때 드디어 학교 내신 1등급을 받았다. S의 영어에 대한 몰입감과 성취감은 다른 과목에도 영향을 주어서 동반 등급 상승을 얻었다고 했다. 그 이후 S는 고3 현역으로 고려대 경영학과에 수시전형으로 합격했다. S가 수시전형으로 고려대 합격을 한 날, 바로 전화가 와서 고맙다는 소리를 들었을 때, 나는 아직도 그때의 가슴 벅찼던 기억이 생생하다. 그 이후에 나는 우리 공부방에 오는 학생들에게 90~120분 이상 몰입할 수 있는 환경을 조성해 주고 있고, 그 안에서 '엉덩이의 힘'을 기르도록 수업을 관리하고 있다.

몰입도 연습이 필요하다

TV나 핸드폰 게임을 많이 할수록 머리가 나빠지고 집중력이 떨어진다는 사실을 누구나 알고 있다. TV나 핸드폰 게임은 뇌에 한순간의 쾌락을 준다. 하지만 책을 읽는 행위나 공부하는 행위는 단기간의 고통을 주지만, 그 고통을 참았을 때 뇌에 장기간의 성취감과 행복을 준다.

'공부깨나 한다'는 학생들의 공통점은 오래 앉아 있는 '엉덩이의 힘'을 알고 있다는 것이다. 이 힘은 바로 '몰입'에서 온다.

몰입하면 한 시간이 1분처럼 짧게 느껴지고, 몰입하지 못하면 1분이 한 시간처럼 길게 느껴지기도 한다. '엉덩이의 힘'은 참을성이 아니라, 몰입의 즐거움으로 인내심을 배울 때 비로소 얻을 수 있다. 하지만 학창시절에 몰입의 경험을 강화하지 않으면 학년이 올라갈수록 몰입하기가 어려워진다.

그것을 알기에 나는 공부방에 오는 학생들에게 철저히 '엉덩이의 힘'을 트레이닝시키고 있다. 공부방에 등원하면 화장실 다녀오고 손 씻고, 손 소독 후 물 한 잔을 마시게 한다. 그리고 최소한 60분에서 90분까지는 '엉덩이의 힘'을 키우며 몰입할 수 있는 환경을 설정한다. 만약 "힘들어요!" "몇 시인가요?" 하거나 핸드폰을 보면 그날은 숙제량을 평상시보다 늘린다거나 하원을 10분 더 연장시킨다.

항상 수업 때 '할 때 집중해서 제대로!'를 강조한다. 그렇게 대면 수업을 할 때라야 '엉덩이의 힘'을 키우고 3차원 메타버스 교육 안에서도 단순히 '가르치는 도구'가 아닌 '사고와 표현의 도구'이며 '탐구와 협동의 도구'로 기능을 할 수 있기 때문이다.

《제4차 산업혁명과 교육의 미래》(사토 마나부, 손우정 역, 교육과 실천, 2022)의 저자는 세계와 사회의 미래 시나리오는 불확실하지만 4차 산업혁명과 코로나19와 포스트 코로나 시대를 살아가는 아이들에게 필요한 배움에 대해서 '배움의 재혁신'이라는 용어를 사용했다. '배움의 혁신'은 이미 '21세기형 배움'으로서 창조성(Creativity), 탐구(Inquiry), 협동(Collaboration)을 추구하는 것이다. 여기에 보다 나은 '혁신'에 의한 질 높은 배움의 창조가 요구되는 것뿐이라고 한다.

나는 우리 아이들이 '엉덩이의 힘'을 키워 충분한 사고를 하고 3차원 메타버스 플랫폼에서는 다양한 시점에 의한 비판적 사고를 기르고 '상상력(Imagination)'과 다양한 체험의 예술적 창조를 결합해 '탐구'와 '협동'을 길러내서 인간의 고유한 능력을 꾸준히 키워나가길 바란다.

온·오프라인으로 함께
진행하는 에세이 첨삭

직접 원어민 첨삭을 받아보다

2005년 10월 나는 천안에 있는 A어학원의 부원장 제안을
받았다. 그 어학원은 학원생만 200명이 넘는 학원이었다. 그전
까지 학생들을 가르쳐본 적이 없었지만, 대기업 증권사에서 조
직 생활을 했던 경험을 높이 사서 원장님이 나에게 부원장 제
안을 하신 듯했다. 제안해 주신 원장님은 학원에 빨리 와서 관
리와 동시에 학생들을 가르쳐도 된다고 했지만, 내 생각은 조
금 달랐다. 미팅 당시 원장님은 어학원에 유학을 준비하는 학
생들이 10여 명 있다고 했다. 그래서 나는 내가 학생을 가르치
려면 영어 논술과 에세이 코칭을 할 정도의 실력은 갖추어야
한다고 판단했다.

나는 부원장 제안을 3개월 후로 미루고 싶다고 말하고, 곧장 강남에 있는 학원에 등록했다. 에세이를 전문으로 영어를 트레이닝해 주는 곳이었다. 내가 등록한 영어 코칭 학원은 전문가 양성을 목적으로 하는 곳이라 커리큘럼 자체가 상당히 힘들었다. 하지만 나는 목표가 명확했고, 힘들게 하는 만큼 나중에 어떤 형태로든 3~4배로 돌아올 것이라고 생각하며 코칭 학원의 커리큘럼대로 트레이닝을 받았다.

우선 전 세계 어린이들의 베스트셀러이자 미국 교사들이 선정한 필독 도서인 《매직 트리 하우스》(Mary Pope Osborne, Language World) 시리즈 원서 8권을 읽고, 그에 대한 독후감을 각각 영어로 쓰고 제출한 후 첨삭을 받는 형태였다. 처음 한 달 정도는 빨간 줄과 빨간 단어들이 내가 쓴 독후감에 빼곡했다. 좌절감도 생기고, 너무 창피했지만, 그러다 보니 오히려 오기가 생겼다. 이를 악물고 하루 10시간 이상 원서를 읽고 낭독하고 글을 썼던 기억이 있다.

그렇게 석 달 정도 하니 원서를 1만 페이지 정도 읽게 됐고, 원서를 읽고 쓰기가 훨씬 수월해졌다. 1만 페이지는 책으로 치면 200쪽 분량의 책 500권에 해당하는 양이다. 석 달간 원서 500권을 읽은 셈이니, 하드 트레이닝도 그런 하드 트레이닝이 없었다. 첨삭해 주는 원어민 선생님도 처음에는 문상의 구조와 어법, 사용하는 단어에 대한 첨삭을 해주더니 나중에는 원서에 대한 나의 생각과 내용 그리고 원서에 나온 주인공 입장을 나에게 적용할 점에 대한 질문과 코멘트를 남겨주었다. 또한 선생님은 나에게 실제 미국 유학 때 볼 수 있는 SAT 지문과 에세이 자유 주제를 과제로 내주면서 일대일로 첨삭과 코칭까지 해주었다. 이 경험은 나에게 영어 에세이 코칭을 잘할 수 있다는 자신감과 용기를 갖는 계기가 되었다.

원어민 첨삭이 고작 이 정도라니

3개월 동안 전문 에세이와 영어 논술 코칭을 받은 후 자신감이 넘친 상태에서 천안의 A어학원에서 부원장으로 일하게 되었다. 나는 내가 코칭에서 배운 커리큘럼의 일부를 학생들에게 적용해서 수업하고 싶었다. 원장님께 이를 상의하자 허락해주었고, 유학을 목표로 하는 학생들에게 직접 코칭을 하게 됐다. 부원장 일도 해야 하는 터라 수업을 많이 하지 않았지만, 원어민 교사와 함께 유학생 반을 포함해 학생들 수업을 진행하고 원어민 강사 관리도 했다.

그때만 해도 미국이나 캐나다에 사는 원어민 선생님을 연결해서 한국에 오게 하려면, 비자 발급 처리 및 교육청 등록, 머물 수 있는 하우스까지 어학원에서 다 해주어야 했다. 숙소를 구하기 힘들 때는 짧게는 한 달, 길게는 1년 가까이 같이 홈스테이를 하는 경우도 있었다. 그러다 보니 어학원에서도 퇴근 후에도 자주 소통하는 경우가 많았고, 한국에 온 원어민들에 대해 많이 알게 됐다.

A어학원에서 3년간 5명의 원어민 선생님들을 관리하면서 내가 가장 크게 느꼈던 점은 그들의 성실도가 매우 낮다는 점이었다. 이런 특징이 A어학원 원어민 선생님만의 문제였는지는 알 수 없지만, 분명히 내가 전에 알고 있던 원어민 선생님과 실제 A어학원의 원어민 선생님들은 큰 차이가 있었다. A어학원 선생님들은 80% 이상이 어학원에서 대충 시간을 때우자는 마음을 갖고 있었다. 또한 영어 수업할 때 영어 말하기는 준비도 하지 않는 경우가 대부분이었고, 에세이 첨삭을 하라고 할 때는 손도 못 대는 수준이었다.

한 원어민은 수업 당시에 손을 심하게 떨기에 살펴보니 술 냄새가 진동을 했다. 바로 추궁해 보니 매일 술을 마시는 '알코올중독자'여서 미국에서 치료를 받다가 나온 사람이었다. 당장 바로 해고 조치를 했는데, 더 놀라운 것은 수원의 대형 어학원에 바로 채용이 되어 강사로 다시 일하게 되었다는 사실이다. 이런 일이 가능했던 것은, 2008년만 해도 원어민 강사를 구하는 것 자체가 하늘의 별 따기만큼이나 어려웠고, 또 양질의 강사를 걸러내는 시스템이 부족했기 때문이다. 지금이야 각 어학원들이 자체적으로 검증 프로세스를 가지고 있는 것으로 안다.

그 일이 있는 후 캐나다의 브리티시컬럼비아대학교 졸업자를 후임 원어민 교사로 채용했다. 그 강사는 당시 초등학교 선생님이었는데, 외국에서 티칭 경험을 쌓으면 가산점을 주는 제도가 있어 한국에 온 터였다. 그 원어민 선생님은 함께 이야기를 나눌 때 배경지식이 많아서 재미있었고 배울 점이 많았다. 하지만 에세이 수업이나 프리토킹 수업을 할 때는 학생들에게 화를 내는 경우가 많았다. 특히 학생들이 에세이를 잘 쓰지 못할 때, 학생들의 입장을 이해하기보다는 원어민 선생님 자신이 코칭할 수 없는 변명을 늘어놓는 경우가 많았다. 그래서 그 수업을 듣고 있었던 학생들과 학부모님의 불평이 많았다.

이렇게 A어학원에서 원어민이 에세이 첨삭 및 수업에 대한 좋은 경험보다는 안 좋은 경험을 겪으며, 에세이 원어민 첨삭에 대한 고민을 많이 하게 됐다.

메타버스 플랫폼에서 배우기 1:
리딩 로그로 문장 쓰기 실력 쌓기

A어학원에서 3년 정도 부원장을 지낸 후 집에서 영어 공부방을 운영할 때도 지인을 통해 알게 된 원어민 학생에게 영어 에세이를 부탁했지만 그렇게 많은 도움을 받지 못했다. 학원을 운영할 때에도 1주일에 1번씩 원어민 수업을 한다거나 이중 언

어를 구사하는 교포 선생님한테도 에세이 수업을 맡겨봤지만, 비용 대비 결과에 대한 만족을 얻지 못했다. 그래서 나는 혼자서 영어 논술과 에세이에 대한 부분을 첨삭해 왔다. 나 또한 처음 몇 달은 학생들이 쓴 자유 형태의 에세이 첨삭을 꼼꼼히 해주었으나, 학생들은 에세이 쓰는 형태가 늘 비슷하고, 틀린 부분에서 계속 틀리게 쓰기에, 첨삭에 대해서 소홀해지는 경우가 생겼다.

그러다가 읽기, 듣기, 말하기, 쓰기의 전 영역에 원어민 코칭으로 자동화, 개별 학습이 가능하도록 구성된 플랫폼을 알게 됐다. 이 플랫폼은 영어 비문학 원서 읽기 150권을 워크북을 활용해서 읽기를 하고, 영어 원서를 읽어내는 프로그램이다. 학생들이 원서를 읽는 영상을 녹화하면 인공지능(AI)이 코칭을 맡는다. 그리고 나면 메타버스 플랫폼의 메뉴에 있는 '리딩 앤 라이팅(Reading & Writing)' 150권 커리큘럼을 활용해 학생들이 영어 원서 글쓰기를 한다.

처음에는 학생들이 바로 프로그램 화면에 자신의 글을 입력하지 않고 프로그램에 있는 문장들을 따라 쓴다. 즉 학생들이 따라 쓸 수 있도록 '리딩 로그(Reading Log)'라는 메뉴가 있는데 그 안에는 원서에서 가려 뽑은 좋은 글들이 6~7개 정도 문장 형태로 들어 있다. 그 문장들은 레벨별로 수준 차이가 나는데, 애초에 6~7개 기본 문장을 다양하게 확장(기초 레벨은 3형식이라면 상위 레벨은 5형식이나 접속사 등을 이용하는 확장 문장)해 제공하도록 세팅되어 있다. 리딩 로그 과제를 다 하고 나면 학생들은 북리포트, 북리뷰 등 긴 글을 쓰게 된다. 이때는 학생들 본인의 생각이 더해진 글을 쓰게 된다. 앞에서 단어, 문장의 다양한 글쓰기 방법을 배웠다면 그 실력을 바탕으로 1~2페이지 정도의 분량으로 논리적이고 독창적인 글을 이어가는 것이다.

메타버스 플랫폼에서 배우기 2: AI에게 피드백 받기

영어 원서 외에도 학생들이 수업하고 있는 영어 논술에 대한 다양한 영역의 글쓰기가 가능하도록 글쓰기 전용 프로그램 및 원어민 코칭(첨삭 포함)도 플랫폼에 들어 있다.

학생들이 영어로 에세이를 쓰면, 일차적으로 AI가 스펠링, 문법 등을 체크해준다. 그러면 학생들은 그 피드백을 바탕으로 다시 글을 리라이팅(Re-writing)한다. 이 과정에서 학생들은 AI가 피드백한 밑줄 친 단어를 클릭하면 추천 단어를 확인할 수 있다.

그렇게 리라이팅해 에세이를 제출하면 그다음은 실제 원어민 선생님이 정밀하게 첨삭을 한다. 원어민 정밀 첨삭은 더욱 정확한 표현 및 적절한 표현을 찾아주고 내용의 흐름이 맞는지 등을 세밀하게 확인하는 과정이다. 또한 코멘트 코칭을 받을 때는 학생들이 힘들어하는 부분을 정확히 짚어주고 공감해 주

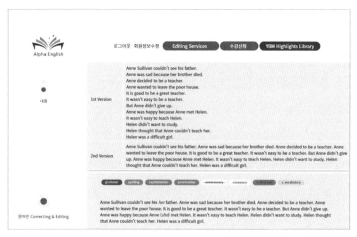

출처: 알파 영어 논술 '첨삭 플랫폼'

면서 꾸준히 글쓰기의 중요성을 언급한다.

이렇게 원어민의 친근하고 감정적인 코멘트는 학생들에게 용기와 가능성을 심어준다. 원어민 정밀 첨삭 결과는 24시간 후에 확인할 수 있다. 첨삭이 완료되면 학생의 리스트에 '완료' 표시가 되고 두 번째 리라이팅을 하면 최종 완료가 된다.

메타버스 플랫폼에서 배우기 3: 원어민 아바타의 라이브 코칭

이렇게 다양한 방법의 글쓰기를 메타버스 플랫폼에서 익힌 후에는 원어민 코칭(첨삭 포함)을 시작한다.

우리 공부방의 원어민 선생님은 실제 공부방에 오지 않지만 메타버스 플랫폼 안에서 아바타로 활동하는 분으로, 실제 대치동의 어학원 강사다. 가상의 온라인 코칭에는 원어민 코칭뿐만 아니라 실시간으로 이루어지는 라이브 코칭도 있는데, 라이브 코칭을 받을 때는 원어민이 아바타로 플랫폼에 등장하기도 한다. 우리 공부방의 어느 초등학교 5학년 학생은 화면에 원어민 아바타가 나타나서 자신이 쓴 글을 띄워놓고 이야기를 하자 깜짝 놀라 자신도 모르게 로그아웃해버린 해프닝도 있었다. 하지만 두 번째 라이브 코칭을 받게 된 후부터는 자연스럽고 재미있어했다.

우리 공부방이 지향하는 메타버스의 플랫폼 프로그램은 초등 저학년, 고학년뿐만 아니라 중학생들까지도 필요한 영어 문해력 및 발표력을 높여주는 것을 목표로 한다. 또한 원어민이 단계별로 적절한 코칭 및 감성적 코멘트를 해줌으로써 공부 습관과 동기부여를 체계적으로 지원하는 데 주안점을 두고 있다.

이런 커리큘럼을 꼼꼼하게 밟아온 결과 우리 공부방 학생들은 원어민 첨삭을 1~2회 이상 경험한 뒤부터는 더 신중하게 영어 에세이를 쓰게 됐고, 나는 저렴한 비용으로 수준 높은 에세이 원어민을 고용한 셈이니 일석이조의 효과다.

메타버스에 주제별 콘텐츠
포트폴리오 만들기

학교 교실은 불합리하다

마크 저커버그는 2015년에 딸이 태어났을 때, 재산의 1%만 딸에게 물려주고 99%는 사회에 환원하겠다고 말한 바 있다. "네가 지금보다 더 나은 세상에서 자라기를 바란다"라며 딸에게 쓴 편지는 화제가 되었다. 이 말을 증명하듯 저커버그의 아내 프리실라 챈 저커버그는 기부단체를 설립해서 당시 시가로 52조 원 정도 되는 돈을 기부할 것이라고 공개적으로 약속했다. '챈 저커버그 이니셔티브'가 하는 주요 사업은 개인화된 맞춤 교육사업이다.

나는 지금의 학교 교육은 상당히 불합리한 구조를 띠고 있다고 생각하는 사람이다. 30~35명이 한 반에 있다고 하면 평균 점수를 내서, 그 평균에 맞는 수준으로 교육을 한다. 따지고 보면 그 반에 실제 평균 점수에 맞는 실력을 갖춘 사람은 10명 내외밖에 안 된다. 다른 학생들은 실력 수준이 더 높거나 낮다. 학교 교육이 어떤 학생에게는 따분하고, 또 어떤 학생에게는 외계어처럼 들리는 이유다. 하지만 수준별로 맞춤 학습으로 공부한다면 교육이 무척 효율적으로 이루어질 것이다.

이것이 개인화된 맞춤 교육이 아닐까 생각한다. 개인의 수준을 정확하게 진단해서, 그 수준에 맞는 교육을 제공한다는 것은 선생님 한 명이 여러 명의 학생을 통제하고 가르쳐야 하는 기존의 오프라인 교육 시스템으로는 불가능한 일이다. 데이터, AI, 머신러닝 같은 IT 기술이 개입될 수밖에 없다.

메타버스 가상 교실이라 가능한 것들

공교육 시스템에 적응된 학부모님들의 의식을 바꾸는 작업에는 결단과 시간이 필요하다. 하지만 코로나19로 비대면 교육을 해야 하는 상황이 되었고, 내가 가르치는 공부방 학생들도 비대면 교육에 의구심이나 반감을 품고 있다가 1년 반 정도 진행된 줌 라이브 수업에 익숙해지니, 학교 일정과 개인 컨디션으로 인해 오프라인 수업을 하지 못하게 되면 자연스럽게 온라인 라이브 강의를 들으려고 한다. 비대면 교육에 대한 요구는 편리함에 비례해서 점점 상승하고 있고, 메타버스 플랫폼의 경험적 학습은 크나큰 의미를 주고 있는 듯하다.

특히 메타버스 교육의 장점은 학습 관리에 있다는 것을 느낀다. 동영상 강의는 지식의 전달에는 효율적이지만 학습 관리 기능은 거의 없으므로, 학습자들의 굳은 의지가 없으면 끝까지 수강을 못 하는 것이 사실이다. 수능 동영상 사이트에서 강의를 모두 들은 학생의 비율이 10%가 안 된다는 것이 이를 증명해준다. 줌이 대표하는 실시간 화상 강의는 댓글을 통해 질문이 오갈 정도로 양방향성은 있지만 관리할 수 있는 툴 자체가 없어서 아쉽다. 줌 교육의 결정적인 단점은 서로의 얼굴을 보며 강의하는 시스템을 실제 학생들이 매우 피곤해한다는 사실이다.

메타버스는 자신이 아닌 아바타가 수업을 듣는다는 점에서 부담감이 덜하다. 조금 더 적극적으로 수업에 참여할 여지가 있다. 쌍방향으로 소통하고 있으므로 선생에게서 학생으로 흐르는 정보의 일방 흐름만 나타나는 것이 아니라, 상호 간에 정보가 교환된다. 교단의 권위적인 부분이 없어지기 때문에 소통이 더 원활하게 이루어지고 공감대가 더 쉽게 형성됨을 느낀다. 그리고 약간의 게임적 요소를 넣으면 학습 효과를 높일 수 있다. 출석, 쪽지시험, 심지어 댓글이나 문답 횟수로 학습 성장 미션을 주고, 이를 수행하는 방식으로 교육 설계를 할 수 있다.

주제별 실습 교육

메타버스에서 이루어지는 교육의 가장 큰 장점은 교구의 자유로운 사용에 있다. 상상할 수 있는 모든 것이 교구가 될 수 있고, 상상을 초월한 모든 곳에도 가볼 수 있다. 폼페이의 비극을 이야기하며 폼페이 유적지에서 수업을 진행할 수 있고, 화성에 대해 배울 때는 스페이스X 로고가 찍힌 화성 기지 안에서 멀리 보이는 지구를 보며 수업을 진행할 수도 있다.

AR 기기를 활용한 교육은 비용이 막대해서 좀처럼 접근하기 어려운 대상을 교육하는 데 큰 도움을 준다. 예를 들어 비행기가 있다. 비행기 운전은 메타버스 안에서 가상현실로 구현해서 배울 수도 있다. 비행기 운전 교육은 원래 시뮬레이터를 사용한다. 하지만 비행기 정비는 다르다. 비행기 정비를 제대로 하려면 기종별로 다 갖춰서 실제로 뜯고 만져보고 해야 하는데, 그 많은 기종을 다 눈앞에서 볼 수 없다. 증강 지능(Augmented Intelligence)을 대표하는 국내 기업 '(주)증강지능'에서는 항공기 교육 및 현장 정비를 위한 AR플랫폼을 개발해서 VR, AR로 비용 부담 없이 첨단 항공기를 재현한다고 한다. 의대생들도 AR, VR 등을 이용해 책의 그림만 보는 것이 아니라 생생하게 구현된 인체를 보면서 의료 기술을 배울 수 있다. 인체의 뼈, 근육, 혈관도 자세하고 정확하게 배울 수 있다.

나는 이러한 메타버스 교육을 우리 공부방 학생들한테도 적용해 보고 싶었다. 시각과 이미지에 강한 아이들이 글로만 배우지 않고 최대한 많은 감각을 이용하고 경험한다면 더 큰 사고의 확장이 있을 것이라 확신했기 때문이다.

교사와 학생들이 직접 만드는 가상 콘텐츠

우리 공부방의 호기심 많은 초등학생 E와 중학교 1학년 F와 함께 구글 카드 보드를 준비해서 코스페이스(Cospaces)라는 웹 기반 플래폼에 접속했다. 영어 스토리의 인물과 배경을 간단하게 3차원 공간 및 가상현실 콘텐츠로 직접 제작했다. 가상공간에 들어가서 스토리의 주인공과 그 스토리의 시대적 배경도 만들어 보고 그 만든 가상 공간을 구글 카드 보드를 활용해 손바닥으로 가져오는 시간을 가져봤다.

학생들에게 VR 가상현실이란 '현실세계에서 경험하지 못한 상황을 다양한 컴퓨터 프로그램에서 만든 공간에서 실제로 체험할 수 있는 기술이다'라고 말하는 것보다, 본인이 적극적으로 그것을 경험해 보면 영어 공부하는 데 효과가 더 클 것이다. 우선 나는 두 학생들과 코스페이스라는 사이트에 대해 공부를 하고, 화면 이동 방법과 영어 수업 때 사용했던 영어 스토리북의 내용을 가상공간에 꾸며보았다. 그런 후 스마트폰 앱을 설치해서 QR코드로 연동해서 공부방 교실 바닥에 각자 만든 가상공간을 불러와서 VR로 체험까지 해보았다.

먼저 E군은 장보고 인물과 바다 해적선의 가상공간을 꾸몄다. F양은 〈이상한 변호사 우영우〉 드라마를 모티브로 해서 자신을 우영우 아바타로 만들고 고래가 하늘을 나는 가상공간을 제작했다. 영어 리딩 수업 때도 고래에 대한 배경지식을 쌓아 놨기 때문에 더 호기심과 창의력이 나온 듯싶다. 코스페이스에서 3D 환경 버튼을 눌러서 'Object'의 인물, 동물, 장소 등을 불러오기도 하고 360도 카메라 기능을 활용해서 입체적으로 만들기도 했다.

모든 것을 마우스로 제작하기에 처음에는 서툰 부분이 있었지만 몰입해서 하다 보니 금방 익숙해졌다. 그렇게 만든 가상공간은 웹 기반으로도 구현해 보고 구글 카드 보드에 핸드폰을 삽입해서 평평한 공간으로 AR 체험을 해보았다. 현실 공간에 본인이 직접 만든 가상 콘텐츠를 체험한 F양은 바로 영어 문장으로 그 상황을 표현하기까지 했다.

남충모와 김종우의 논문인 〈학습자에 따른 가상현실 콘텐츠 제작 교육의 비교 연구〉에서는 실험을 통해 가상현실 기술을 활용한 실제와 같은 가상 경험의 장점을 최대한 활용했을 때 몰입도가 매우 높았으며, 수업이 진행됨에 따라 더욱 늘어가는 모습을 보였고, 주변 친구들과 자신의 콘텐츠를 공유하고 동료 학생에게 협력 학습을 수행하며 수정을 통해 완성해나갔다는 결과를 발표했다. 그러면서 가상현실 콘텐츠를 만드는 경험으로 프로젝트를 수행하면서 동료 간의 협력학습이 각 집단 간에 활발하게 일어나는 것을 관찰할 수 있었다고 한다.

이에 나는 2023년도부터 본격적으로 사회·정서적 주제뿐만 아니라 STEM(과학, 기술, 공학, 수학 등 교과 간의 통합적인 접근) 주제를 포함한 다양한 실제 이야기를 가상공간에 주제별로 콘텐츠화해서 영어 학습을 하는 내내 학생들의 흥미를 사로잡을 계획을 추진 중이다. 아이들이 흥미롭고 지적 자극을 받을 수 있는 다양한 주제별 수업이 메타버스에서는 얼마든지 가능하니 준비하고 계획하는 나 자신도 기대가 된다.

메타버스 안에서
게임하며 영어를 배운다

영어로 비석치기 해봤니?

40~50대 X세대 학부모라면 초등학교 시절에 친구들과 함께 학교 운동장과 집 밖에서 했던 놀이를 기억할 것이다. 나도 사방치기, 땅따먹기, 황소싸움, 비석치기, 보물찾기 같은 놀이를 해질녘까지 했던 기억이 난다.

이 같은 놀이를 나는 학생들한테 처음 공부방을 오픈했을 당시 적용해봤다. 그 당시에는 초등학교 저학년이 많아서 학모님들께 취지를 알리고 나서 학생들의 스케줄을 영어 수업 앞뒤로 여유를 두게 조정한 후, 월 2회 매주 금요일마다 시간을 정해서 무조건 단지나 근처 공터에 나가서 영어 놀이 수업을 진행했다. 놀이 수업 때는 학생들을 10~15명 정도 데리고 나가 영어 수업에 접목시켜 놀았다. 놀이 규칙은 간단했다. 영어 공부방에 6개월 이상 다니는 학생들은 무조건 영어로만 이야기하기! 그리고 또 하나는 게임에 진다고 해서 울지 않기! 만약 위 조건을 3번 어길 시에는 해당 학생은 야외 수업 금지령을 내렸다.

그랬더니 아이들은 미리 게임 규칙에 대해 공부해 오고, 야외 수업을 할 때도 감정 조절을 잘 해나갔다. 처음 게임 시작은 A, B팀으로 나눠서 사방치기 놀이부터 한다. 미리 영어로 숫자를 쓰고 그림을 바닥에 그려놓고, 수업 때 내가 게임 규칙을 영어로 말하면 평상시에는 5~6번 반복해 말해야 알아듣은 학생들도 야외 수업할 때는 한 번만 말해도 눈치껏 이해하는 것 같았다. 사방치기 놀이를 20~30분 하고 나면, 비석치기 놀이를 한다. 보통은 무릎 사이에 나무 조각을 넣어서 목표 장소에 서 있는 비석을 무너뜨리는데, 아이들은 놀이를 하면서 창의성이 키워지는 게 느껴진다. 왜냐하면 아이들은 얼굴, 가슴, 머리 등 다양한 방법으로 비석치기 놀이를 하기 때문이다. 비석치기 놀이를 하면서 영어 단어나, 문장으로 말해야 하고 그런 식으로 게임을 하니 효과가 굉장히 좋았다.

이 두 가지만 해도 시간은 훌쩍 1시간 이상이 지나간다. 그리고 이 1시간이 교실에서 하는 4시간보다 영어를 훨씬 더 잘 기억한다는 사실을 나는 학생들과 몸소 체험했다.

영어로 게임하는 늑대

'울프 게임'은 비석치기보다 긴 문장의 영어를 썼다. 울프 게임은 우리의 다방구 또는 얼음땡과 비슷한 규칙이다. 아이들이 마음껏 뛰면서 하는 게임이므로 숲속 공터에서 한다. 학생들이 "What time is it now?"라고 말을 하면 울프에 해당하는 학생이 시간을 말한다. 예를 들어 "It's 5 O'clock"이라고 답변을 하면 그 시간의 숫자만큼 아이들이 다섯 걸음 움직이고 난 후, 정지 상태로 서 있다. 이때 울프가 뒤돌아봤을 때 움직이는 학생이 있으면 울프가 된 학생이 게임하는 학생을 지목해서 울프의 손가락을 서로 잡고 줄지어 서 있게 만든다.

그렇게 게임을 진행해서 최종 남아 있는 학생이 울프의 손가락을 치면 도망갈 수 있다. 그때 울프에 해당하는 학생이 달리고 있는 누군가의 몸을 터치하면, 터치 당한 학생이 울프가 되는 것이다. 그 당시 야외 영어 수업을 하는 날은 나도 체육복과 운동화를 신고 와서 아이들과 땀에 흠뻑 젖을 정도로 신나게 뛰어 놀았다. 울프 게임을 할 때 아이들은 영어로만 말하는 규칙이 있기 때문에, 잡혀서 억울할 때도 영어로 말해야 한다. 그래서 영어를 미리 외워 오는 아이들이 있다. 억울했을 때 자신을 항변하려면 영어가 되어야 하는데 그 표현을 몰라서 간혹 가다가 몸짓 언어(Sign Language)로 자신의 감정과 상태를 표현하기도 한다.

메타버스 안에서 게임으로 놀아보자

야외에서 아이들과 영어로 놀아보니 한 가지 깨달은 사실이 있다. 아이들이 교실에서 영어를 익히는 것보다 놀면서 익힐 때 훨씬 잘 기억한다는 것이다. 이는 아이들은 당연히 노는 것을 가장 즐기기 때문이다. 그런데 놀이하는 와중에 자연스럽게 영어를 배우면 그보다 더 좋은 일은 없을 것이다. 야외에 나가는 것은 제한적이기에 나는 '놀이로 배우는 영어 시간'을 좀 더 확대하기로 했다. 메타버스 플랫폼 안에서 다양한 체험을 할 수 있는 방법을 모색했고, 지금은 이러한 재미있고 좋아하는 이벤트를 메타버스 플랫폼 안에서도 체험할 수 있도록 구현하는 중이다.

처음 계획은 아이들과 야외에서 했던 비석치기, 울프 게임 등을 가상현실 안에서 체험하게 하는 것이었다. 구현하기까지는 시간이 꽤 걸려 빨리 학생들의 학습 도구로 활용하기 어려웠다. 그래서 가장 빨리 적용할 수 있는 게임을 알아봤다. 아이들에게 최근 가장 인기 있는 로블록스 게임은 '레인보우 프렌' 게임인데, 이 게임은 놀이동산으로 놀러 가던 학급이 사고가 나 의문의 인물에게 납치되어 밤마다 괴물들을 피해 아이템을 모으는 내용의 게임이다. '블루'는 이 게임의 메인 빌런으로 큰 덩치에 노란색 왕관을 쓰고 단추 눈에 꽤 좋지 않은 방향 감각을 가지고 있다. 이 블루를 피하려면 옷장에 숨거나 구멍에 들어가거나 박스를 쓰면 된다.

여기서 주의할 점은 박스를 썼는데 위에 '!' 표시가 뜨면 박스를 썼어도 이미 다 알았다는 뜻이니 좀 멀리 가서 써야 한다. 다음은 초록이가 나오고 오렌지, 퍼플의 빌런들이 나온다. 학생들은 각자의 아바타로 나와서 서로 협력해서 아이템을 모으면 된다. 여기서 선생님도 들어가서 게임을 하니 나의 눈치를 보면서 서로 한국말로 하다가 영어 문장으로 말하면서 전략을 세워서 게임을 진행해나간다. 두 번째로 아이들이 좋아하는 로블록스 게임은 '입양하세요!'다. 학생들이 좋아하는 'PET 아바타'를 만드는 것이다. 햄스터, 토끼, 강아지, 거북 등 다양한 아바타를 만들어 PET 아바타에게 물과 먹이를 주고, 샤워도 하고 훈련을 시킨다. 어느 정도 훈련이 되면 미니 게임을 서로 할 수 있다. 각자의 아바타에게 '미로 게임'을 마우스로 조정해서 시작하기도 하고, 먹방 대결 등 다양한 게임을 할 수 있다.

아이들은 각자의 아바타를 좋아하는 취향으로 꾸미고, 아바타가 쉴 수 있도록 집 청소며, 화장실 청소도 해줘야 한다. 3차원 공간에 실제 햄스터나 강아지를 키우는 것처럼 놀아주고 씻겨주고 훈련시키면서 친밀한 관계를 쌓아가는 듯한 느낌을 받게 된다.

2021년 현재 로블록스 안에서는 1만 8천 개의 다양한 게임을 활용할 수도 있어서 아이들이 야외에서도 놀고 가상 플랫폼에서도 놀면서 영어를 익힐 수 있는 환경설정이 무궁무진하다. 우리 공부방에서는 로블록스 플랫폼 안에서 아이들이 자신만의 '아바타'를 만들어 2~3개 게임을 해봤다. 게다가 무료이고, 내가 생각한 게임을 찾아서 충분히 플랫폼 활용이 가능하다.

2022년 10월 말 핼러윈 이벤트를 메타버스 안에서 하다

가상세계에서 소통하면 다른 나라의 아이들과도 친해질 수 있다. 이때 영어로 소통하면서 소통 역량 + 영어 실력(실전 실력)을 키워나갈 수 있다는 장점이 있다.

이임복 저자는 《메타버스, 이미 시작된 미래》(천그루숲, 2021)에서 2006년 로블록스가 탄생했을 당시 초등학생이었던 아이들이 지금 대학생이 됐다고 한다. 자신이 즐기던 게임에서 자신이 만드는 게임으로 성장하기에 충분한 시간이라고 한다. 그리고 실제로 그 아이들은 현재 자신이 즐기던 게임을 이제 직접 만드는 사람으로 성장했다고 했다. 게임을 개발하는 방법도 어렵지 않아서 별도의 저작도구도 필요 없이 로블록스 스튜디어에 접속한 후 이를 자신의 PC나 맥에 설치하기만 하면 된다고 한다.

우리 학생들도 로블록스 스튜디어 안에서 선생님과 다 같이 접속해서 원하는 게임을 만들어 하자는 이야기를 한다. 그래서 나는 이번 핼러윈데이에 맞추어 학생들과 로블록스 안에서 핼러윈 게임과 핼러윈 아바타 의상 콘테스트를 계획했다.

드디어 2022년 10월 28일 금요일, 공부방에 초등학교 5학년 학생 7명이 모였다. 한 달 전부터 로블록스에서 핼러윈 이벤트 게임을 한다는 말에 손꼽아 기다리고 있었다. 학생들이 제일 신난 부분은 원장인 내가 자기들의 세계에 들어와 함께한다는 점이었다.

학생들 말로는 원장님에게서 항상 코칭을 받는 입장이었는데 로블록스 가상세계에서는 학생들이 나를 코칭해 줄 수 있으니 마음껏 구박할 거라며 깔깔거리면서 즐거워했다. 실제 공부방에는 핼러윈 모양의 스낵과 호박-호두과자 그리고 아이스크림 정도만 준비하고 학생들과 함께 먹으면서 로블록스 회원 가입을 하지 않은 친구들이 가입할 수 있도록 도와주고, 로그인해서는 각자 아바타 꾸밀 수 있도록 하는 시간을 가졌다. 기존에 로블록스에서 게임했던 학생들은 무료 아바타 장식품을 잘 찾아내서 서로 공유하는 시간도 가졌다.

그렇게 해서 학생들은 각자의 아바타를 만들어 나를 포함한 8명이 한 가상공간에 모여 4팀으로 나눠 'BED WAR' 게임을 시작했다. 핼러윈 이벤트라서 가상공간 안에 기본적인 배경은 설정돼 있었지만 도구나 장식을 학생들이 로블록스 가상화폐를 구매해서 추가로 꾸밀 수 있었다. 여학생인 경우는 추가로 장

식을 꾸미는 것에는 관심이 있었지만 남학생은 게임을 할 시간이 줄어든다고 하면서 빨리 시작하자고 했다. 그렇게 4팀으로 구성해서 'BED WAR' 게임을 시작했다. 악당을 물리치고 상대방이 침대를 차지하지 못하도록 방해하면서 가상공간 깊숙이 있는 침대를 안전하게 찾아내는 팀이 승리하는 것이었다.

　게임은 단순할 수 있지만 게임하는 중간중간에 상대방 팀이 무기를 들고 갑자기 나타나서 죽는 경우와 악당이 나타나서 싸우다 지는 경우가 있어서 웬만큼 노련한 아바타가 아니면 승리하기 힘들었다. 나와 팀을 이루었던 아바타는 내가 미숙하니 처음에는 차근차근 설명해 주더니 나중에는 나를 버리고 혼자서 게임을 진행했다. 게임이 워낙 긴급하게 진행돼서 이해가 되긴 했다. 학생들은 게임을 하면서 로블록스 가상공간에서의 다른 면모도 나왔다. 얌전한 학생이 그렇게 큰 소리로 웃으면

서 너무 신나게 게임에 몰두하는가 하면, 상대방 팀한테 악당이 나온 상황에서는 어느 방향으로 가야 하고 어떻게 해야 하는지를 설명해 주기도 했다. 상대방 팀이 죽을 상황이었는데도 기다려주면서 게임을 더 지속하려는 노력을 보여주기도 했다. 학생 중에서 최근에 등록한 학생 2명이 있는데 공부방에서는 인사만 하고 말도 하지 않았다. 그런데 함께 로블록스 게임을 하면서 웃고 이야기를 나누면서 좀 더 가까워질 수 있었다.

로블록스에서 핼러윈 이벤트 게임 시간을 40분밖에 주지 않아서 학생들이 아쉬움이 컸지만, 양보다 질적으로 함께 모여 즐거운 시간을 가졌다. 하원 후 자기네들끼리 주말에 시간을 정해서 다시 한 번 로블록스 가상공간에 모여 게임하자는 약속을 정하고 있었다.

나 또한 간단하게 핼러윈 행사를 로블록스 가상공간에서 체험해 보면서 12월 크리마스 이벤트 또한 오프라인과 메타버스 공간에서 결합해서 할 수 있는 방법을 찾아낸 듯하다.

메타버스 안에서 실험하며
과학적 지식을 쌓다

가수의 콘서트를 보러 온라인 게임에 접속하는 아이들

메타버스를 설명할 때 빠지지 않는 사례가 있다. 미국의 힙합 가수 트래비스 스캇의 온라인 콘서트다. 그는 2020년, 에픽 게임즈에서 제작한 3인칭 슈팅 게임 '포트나이트'의 온라인 공간인 '파티로얄'에서 5번의 콘서트를 열었다. 첫 공연에서는 1억 명이 동시 접속했다. 현실 공간의 콘서트라면, 그 30~40%만이 모일 수 있었을 것이다. 1억 명이라는 숫자는 가상이기에 얼마든지 가능했다.

BTS 역시 포트나이트에서 뮤직비디오를 공개했다. 이용자들은 BTS 이모트를 구입해 공연을 보며 자신의 아바타로 같이 춤을 따라 추었다. 포트나이트 플랫폼은 다양한 회사와 콜라보를 통해 새로운 캐릭터 스킨을 제공하고 있다는 것이다. 예를 들어 마블과도 손을 잡아 유저의 캐릭터를 아이언맨이나 캡틴 아메리카로도 바꿀 수 있는데, 캡틴 아메리카가 BTS의 〈다이나마이트〉 노래에 맞춰 춤을 추는 장면은 압권이었다.

2019년 학원에서 스튜디오를 만들어서 했듯이, 우리 학생들이 '김연아' 캐릭터로 TED 강연 장소 배경 안에서 연설을 하고 방청객으로 앉아 있는 학생들은 서로 다른 헤어와 의상 그리고 각자 원하는 얼굴 아바타로 제작해서 경청하는 모습을 상상해본다. 이런 방식의 참여는 여럿이 함께 본다는 '공감'과 '연대' 그리고 '재미'에 초점이 맞춰진 데다가 학생들은 자신들에게 오히려 현실보다 더 익숙한 가상공간에서 경험치를 쌓는다는 의미에서 훨씬 더 흥미와 호기심을 유발할 수 있으리라 예상한다.

공부방 대신 포트나이트에서 만나자

이를 위해 몇 달 전 포트나이트에 접속해서 맛보기 강연을 해봤다. 코칭하는 학생들의 중학교 'Further Reading' 지문으로 방탄소년단 UN 연설 내용이 나왔다. 몇 명 학생들한테 포트나이트에 접속해서 가상의 BTS 캐릭터와 연설 장소 배경을 만들어 공부했던 UN 연설문 지문을 읽게 하고, 연설을 듣고 있는 방청객들은 몸을 흔들면서 추임새를 취하게 했다.

이런 방식이 처음이라서 아이들은 조금 어색해했지만 메타버스의 시대에 현실 세계를 가상으로 경험하면서 색다른 시간을 가졌다. 아이들에게 "얘들아, 공부방에 오는 대신 게임 공간에서 만나자"는 말을 꺼냈을 때 학생들의 첫 반응은 "우와, 원장님, 대박이에요! 저 좋아하는 게임의 아바타로 꾸며서 등장할게요!", "엄마한테 평일에 당당하게 말하고 접속할 수 있겠네요!" 등의 반응을 보였다. 그리고 접속하고 난 후에는 "우리 엄마 아빠도 저랑 같이 제가 좋아하는 게임이며 아바타 이야기를 했으면 좋겠어요!", "원장님! 다음에도 여기서 하면 안 돼요?" 등의 반응을 보였다.

지금 우리 공부방은 2023년 3월을 예정으로 포트나이트 온라인 플랫폼으로 TED 강연과 연극 공연 등을 본격적으로 개최할 준비를 하고 있다. 내가 무엇보다 주안점을 두는 것은 다양한 주제의 TED 강연과 아이들이 좋아할 만한 연극, 뮤지컬, 가수의 공연 등을 메타버스 공간 안으로 가져와 구현하는 일이다.

이제 아이들의 공간은 현실에 국한되는 시대는 지났다. Z세대들이 특정 게임에 접속하는 것은 그 게임을 하기 위함보다도 소통하고 싶은 사람들이 거기에 모여 있기 때문이다. 포트나이트는 전 세계의 10대들에게 단순한 게임이 아니라 또래를 만나서 소통하는 플랫폼으로 자리 잡고 있는 것이다. 이제 Z세대에게 가상공간은 현실과 분리된 곳이 아니다. 그들은 가상공간인 게임 속에서 현실의 친구들과 24시간 접속해 있다. 실제 만남과 가상공간인 게임 속에서 아바타를 만나는 것이 큰 차이가 없다고 느끼는 것이 Z세대인 것 같다.

실험 없는 실험 수업

아들이 중학교 1학년이었을 때 학부모 참관 수업을 간 일이 있다. 과학 시간이었는데, 당시 수업을 주관한 과학 선생님은 과학 실험에 대한 내용을 텔레비전 화면으로 보여주고 있었다. 명색이 '실험'인 수업인데, 실험 대신 영상을 송출하는 모습에 나는 물론이고 참관하던 학부모들도 조금 의아했던 기억이 있다. 학생들과 뒤에 서 있던 학부모들은 모두 매우 조용한 상태에서 수동적으로 방송에서 흘러나오는 내용을 무작정 듣고 있을 수밖에 없었다. 학부모 세대가 들었던 수업 방식 그대로의 전형적인 수업이었다.

그러다 몇 달 뒤 고1 영어 모의고사에 참관 수업 때 들었던 과학 실험 내용이 지문으로 나왔다. 그 당시 내가 코칭을 했던 고1 여학생들과 일부 남학생은 그 지문의 배경지식을 몰라서 문제를 풀 수 없었다고 했다. 학생들은 하나같이 과학 관련 지문만 나오면 두려움이 앞서고, 그러다 보니 영어 해석도 안 된다고 고민을 늘어놓았다. 해설지를 보거나 선생님의 설명을 들어도 도무지 이해가 안 된다고도 했다. 특히 문과 성향이 강한 학생들은 과학 지문의 이해도가 더욱 떨어져 영어 성적에까지 영향을 미치는 것을 알 수 있었다. 학생들의 고민을 듣고 있자니, 아들의 과학 참관 수업이 떠오르면서 학생들의 과학적 배경지식이 제대로 쌓일 수 없는 원인을 알 수 있었다.

가상현실이 과학 상식을 바꾸다

그러던 중 가상현실이 과학 수업을 혁신적으로 바꾼 'TED' 강연을 보게 되었다. 가상현실 실험실 랩스터(Labster)를 만든 마이클 보데커(Michael Bodekaer)가 '가상현실 실험실이 과학 수업을 혁신적으로 바꾼다'라는 주제로 한 강연이었다.

보데커는 이 강연에서 완전한 일대일 '가상현실 실험실 시뮬레이션'을 선보였다. 현실을 그대로 구현한 가상현실 실험실은 원하는 실험을 얼마든지 해볼 수 있는 공간이었다. 예를 들어 '살모넬라 박테리아'처럼 평소 안전 문제로 다루지 못하는 실험을 마음껏 할 수 있었다. 또한 진짜 실험실에서 실험했을 때 드는 수백만 달러의 비용도 절감할 수 있었다면서 차세대 과학도들을 위해 IT 기술자, 교육심리학자 그리고 게임 디자이너들이 협업으로 힘들게 개발했다고 고백했다.

영어 교과서나 수능에는 과학 실험에 대한 지문이 많이 나온다. 그러나 우리나라 교육 현실은 과학 실험을 통해서 지식을 전달하지 않는다. 이때 가상현실 교육을 통해 정보와 지식을 전달한다면, 책으로 읽는 것보다 훨씬 이해도를 높일 수 있다. 실제로도 가상 실험실을 사용하면 지문의 이해뿐만 아니라 과학적 사고를 높이고 배경지식을 더 풍부히 하는 데 큰 도움이 될 것이라고 생각했다.

TED 강연을 듣는 즉시 바로 가상 과학 실험실을 제공하는 '랩스터' 플랫폼에 접속해 보았다. 랩스터 안에서는 실제 가상현실에서 진행 중인 과학 실험과 가상 실험실을 통해 협업할 수 있는 실험의 종류가 상당히 많았다. 예를 들어 오염 없이 시료 배양할 수 있는 무균 기법이나 박테리아 세포 소개 등 기본 과학적 원리에 대한 가상 실험실 체험을 할 수 있었다. 또 학생들은 실제 실험실에서 하기에 너무 많은 비용이 들며 위험 요

출처: Labster Microbiology Virtual Labs

소가 있는 PCR검사나 DNA 분석 등을 XR 체감형 교육을 통해 직접 해볼 수가 있었다.

가상현실 실험실을 이용하는 방법도 간단하다. 스마트폰을 저렴한 가상현실 헤드셋에 연결하면 끝이다. 가상현실 헤드셋에 연결하면 가상 실험실에 들어선 것처럼 실감 난다. 또한 몇 개의 간단한 실험은 헤드셋이 없어도 노트북과 이이패드에서도 작동이 된다.

메타버스, 새로운 공간으로 통하는 비밀의 문

디지털 세상이 빠르게 변하면서 이를 이용하는 사람들도 많아졌다. 인터넷과 스마트폰이 처음 등장했을 때도 한동안 사람들은 새로운 방식에 똑같이 혼란스러워했다. 그러나 시간이 지날수록 적응해갔고, 이를 자신에게 유리한 방향으로 적용하기 시작했다. 나는 메타버스라는 새로운 플랫폼도 이와 같은 길을 갈 것이라고 생각한다.

메타버스 시대도 마찬가지로 한동안 새로운 방식이 낯설기도 하고 복잡하게 느껴질 수 있지만 결국은 모든 사람이 메타버스를 활용하고 즐기는 단계까지 빠르게 나아갈 것이다.

《메타버스 새로운 기회》(메가북스, 2021)를 쓴 김상균, 신병호 두 저자는 새로운 문명이 주는 과실은 준비된 자에게만 주어진

다고 말했다. 나 역시 학생을 가르치는 선생이자 교육사업을
하는 당사자로서 새로운 시대, 다가오는 미래를 늘 준비하고
있는 사람이 되기를 꿈꾸고 이를 위해 노력하고자 한다.

고유한 포트폴리오를
만들어서 관리하다

그림을 거래하는 디지털 갤러리

미술관이나 박물관을 거닐면서 작품을 보고, 마음에 드는 작품을 구매할 수 있는 우아한 취미생활을 메타버스에서 쉽게 구현할 수 있는 디지털 갤러리가 있다는 글을 읽은 적이 있다. 대신 디지털상에서 전시되는 그림이나 콘텐츠들이 언제든지 복사될 수 있고, 재경험 가능한 것들이 되기 때문에 이것을 NFT 방식으로 고정해 판매한다고 했다. '대체 불가능한 토큰(Non Fungible Token)'이라는 의미의 NFT는 블록체인 기술을 활용해 디지털 콘텐츠에 고유한 인식값을 부여하는 것으로, 블록체인 토큰을 다른 토큰으로 대체하는 것이 불가능한 가상자산을 말한다. NFT로 거래되었다는 것은 디지털 세상에만 존재하는 그림 혹은 영상의 전자기록 상태로 팔렸다는 이야기다.

실제 이런 방식으로 미술 작품이 거래되는 중이다. 대표적인 것이 디지털 아티스트 비플(Beeple)의 작품 〈매일: 첫 5000일(Everydays: The First 5000 Days)〉이다. 이 작품은 하루도 빠짐없이 5천 일 동안 매일 새로운 디지털 사진을 만든 것을 모은 작품으로 우리 돈으로 750억 원 상당으로 거래까지 되었다고 한다.

우연히 TV 채널을 돌리다가 히스토리에서 방영하는 미국 드라마 〈전당포 사나이들〉을 봤는데, 매회 여러 가지 물건들이 등장한다. 고물, 다 떨어진 정장, 닳아빠진 동전이 나온다. 물건 자체로만 보면 거저 가져가라고 해도 안 가져갈 물건들이지만 사연이 밝혀지면 가격이 천정부지로 치솟는다. 다 떨어진 정장의 주인이 미국 초대 대통령 조지 워싱턴이고 출처가 분명하다는 것이 밝혀지면서 33억 원의 가격이 붙는 식이다. 희소성과 사연이 있는 진품이라는 두 가지 요소가 가격을 만든 것을 알게 됐다.

나는 디지털 갤러리가 구현되는 것을 지켜보면서 어쩌면 우리 학생들도 각자 고유한 그림이나 콘텐츠를 NFT로 저장하고 기록해놓으면 미래에 큰 가상자산으로 남길 수 있다는 상상을 해보았다.

아날로그식 포트폴리오, 시간이 지날수록 외면받다

내 지인은 자녀가 현재 초등학생인데, 그 자녀가 4살 때부터 미술 학원을 보냈다고 한다. 그러면서 처음 미술을 시작할 때부터 그림들을 다 모아서 파일로 정리해놨다고 한다. 그 지인은 자녀를 외국으로 대학 보낼 생각인데, 입학 시 포트폴리오의 중요성을 알고 있는 듯했다.

나도 공부방을 할 때부터 학생들의 자료들을 두꺼운 파일에 저장해놓은 적이 있었다. 다 채워지면 학생 손에 들려 집으로 보냈다. 하지만 이사를 가거나 정리를 하면서 재활용품으로 버려진다는 것을 알게 되었다. 그 이후로는 학생들의 주제별 영어 말하기와 쓰기를 '네이버 밴드'에 학생별 포트폴리오로 올려놨다. 학부모님들이 자녀의 1개월, 3개월, 6개월, 1년, 2년, 5년 영어 역량의 변화들을 볼 수 있게 계속 올려놨다. 하지만 처음 몇 달은 학부모님들이 네이버 밴드에 올려놓은 포트폴리오를 봤지만 시간이 지나면서 잘 보지 않는다는 것을 알게 됐다.

각자의 가상 갤러리를 만들다

자녀가 고등학교에 입학하면서부터는 학부모와 학생들 모두 학교생활기록부의 중요성을 인식하게 된다. 최근에도 내가 코칭하는 고3 수험생들과 재수생들이 대학입시 수시전형을 준비하면서 학교생활기록부를 작성하느라 밤을 샜다는 이야기를 한다. 그러면서 하는 이야기는 "자신들만의 과목별 포트폴리오를 미리 준비하고 정리했더라면 좋았을 텐데!"라는 것이었다. 그 이야기를 들으면서 학생들이 초등학교 때부터 자신만의 가상 갤러리를 만들어 3차원적으로 포트폴리오를 만들고 관리해 놓으면, 그 학생들이 대학교 입학할 때나, 사회에 진출할 때 유용하게 사용할 수 있을 것이라는 생각이 들었다.

가상 갤러리를 만드는 여러 메타버스 플랫폼이 있지만, 나는 학생들이 적극적으로 참여할 수 있도록 하는 게 목적이었기 때문에 스페이셜(Spatial.io) 플랫폼을 사용했다. 여기서는 이벤트, 문화, 전시회 등을 NFT로 발행해 갤러리를 만들 수도 있지만, 본인이 갖고 있던 이미지나 영상을 쉽게 올릴 수 있고, 자연스럽게 아바타를 꾸며서 움직이게 만들 수 있고 사운드로 삽입할 수 있다.

이 메타버스 플랫폼을 사용하면서 학생들이 영어 관련된 콘텐츠뿐만 아니라 다양한 자신의 콘텐츠를 만들 수 있을 것 같았다. 처음 플랫폼에 로그인하면 여러 아바타가 있다. 본인의 사진을 업로드하면 사진과 비슷한 자신의 아바타로 구현이 되기도 한다. 나와 비슷한 아바타를 만들어 진행할 수 있게 된다. 아쉬운 점이 하나 있다면 하반신이 없다는 것이다. 그래서 학생들이 아바타로 돌아다니다 보면 "좀 귀신 같다"라는 말을 하기도 한다.

하지만 나는 다양한 장점이 있으니까 같이 적극 활용해 보자는 말을 했다. 갤러리 공간을 새로 만들려고 하면 이더리움 가상화폐로 지불해야 하는 것도 있지만 무료로 제공하는 공간을 활용해도 된다. 새로운 공간을 만들 때 카메라를 켜면 화상으로 다른 학생들이 이 공간으로 초대돼, 만들고 있는 학생의 얼굴을 볼 수 있다.

처음에는 신기해서 비디오를 켜서 이야기를 나누지만, 몰입해서 갤러리 공간을 만들려고 할 경우 시간이 좀 지나면 바로 비디오와 오디오를 끄고 혼자서 진행하려고 한다. 현실세계의 갤러리 공간처럼 여러 벽에 액자를 걸어 놓아둔다. 각자의 액자에 커서를 두면 버튼이 생성돼 이미지나 영상을 업로드할 수 있게 된다. 최근에 영어 말하기 대회에 나간 영상과 AI와 원어민 첨삭을 받았던 에세이 리포트 이미지를 올려봤다. G라는 학생은 에세이 리포트 이미지에 작품 설명처럼 스토리 음성을 남겨놓았다.

"나는 영어 수업 중에 라이팅 수업이 참 힘들다. 원장님이 30분 정도 시간 할애되는 숙제로 내주시는데 나는 집에서도 생각하고 또 생각하다가 글을 써야 해서 2시간 이상이 걸린다. 그런 나의 모습을 보고 답답해하시는 엄마의 쓴소리도 들었다. 그런데 이렇게 힘들게 라이팅 연습을 하고 에세이를 써서 원어

민에게 좋은 댓글과 응원의 글을 받아서 여태껏 힘듦이 보상받는 느낌이 든다. 앞으로도 더 열심히 좋은 에세이를 써야겠다.”

G학생이 이렇게 에세이 리포트의 의미 있는 음성을 남겨놓자 다른 몇몇 아바타들의 응원의 댓글이 달렸다. 이렇게 가상 갤러리 안의 중앙 벽면에는 크게 영어에 관련된 전시회를 만들고, 또 다른 벽면에는 G 학생이 인스타그램에서 꾸준히 유튜브 영상을 보고 배워서 자신이 그렸던 그림들을 가져와서 액자에 업로드해놨다. 액자의 그림별로 사운드도 삽입하거나 본인의 음성 파일을 올려놓고 실제 나를 비롯한 몇 명 아바타들을 초대해 들어가보니, 실제 갤러리 전시장에 있는 듯한 생생한 경험을 느낄 수가 있었다.

가상 갤러리에 고유한 포트폴리오를 지속하다

현대 경영에 데이터가 얼마나 중요한지는 아마존, 넷플릭스, 알리바바 같은 기업의 예를 들지 않더라도 대부분 알고 있을 것이다. 디지털 시대의 금맥은 데이터다. 우리 학생들의 영어 데이터뿐만 아니라 다른 분야의 데이터를 가상 갤러리에 수집하고 분류하는 일은 현재 기술로는 충분히 가능하다. 아날로그식으로 파일 안에 자료를 모아두거나, 네이버 밴드에 데이터를 업로드하거나 메타버스 플랫폼인 '스페이셜'에 데이터를 올려놓는 것 또한 모두 데이터 수집 툴을 빌려서 사용한 것으로 볼 수 있다.

문제는 그 데이터의 해석과 사용이다. 너무나 기계적으로 흘러갈 것만 같은 넷플릭스의 추천 시스템도 사실은 아주 강력한 휴먼 터치에 기반하고 있다고 한다. 영어 자체를 분석해서 태그를 다는 태깅 작업은 인간이 한다. 넷플릭스 분석 전문가들은 36페이지에 달하는 가이드에 따라 태깅한다고 한다. 공부방 학생들이 초반에는 메타버스 플랫폼의 가상 갤러리에 올린 자신의 포트폴리오 자료를 굉장히 귀하게 여기지만, 그 데이터를 쌓아놓기만 해서는 아무 의미가 없다.

《메타버스의 시대》(다산북스, 2021)의 이시한 저자는 이렇게 말한다. "데이터에 의미를 부여하는 것은 최종적으로 인간의 통찰이 필요한 영역이다. 메타버스에 쌓이는 데이터를 어떤 통찰을 가지고 해석할 것인가에 대한 비전과 계획을 수립해야 한다."

나는 우리 학생들이 가상공간에 전시된 자신만의 포트폴리오에 앞으로 하고 싶고 이루고 싶은 꿈과 비전를 담아 성장해서 영향력이 있는 사람이 되길 소망한다.

교육 콘텐츠를
가상화하다

현재 시점의 콘텐츠의 문제점

매주 보는 TV 프로그램이 있는데, 바로 채널A의 〈금쪽같은 내 새끼〉다. 이 프로그램을 보면서 출연한 아이들의 심리와 부모들 심리를 이해하는 데 도움을 받고 있다.

어느 날 본 회차에서 TTS(Text To Speech: 문자 음성 변환)와 블루투스 스피커를 활용한 '말하는 코끼리 인형'과 아이가 단둘이서 속마음을 주고받는 장면이 나왔다. 이 장면을 보고 내가 느낀 점은 아무리 편집의 과정이 있다손 치더라도 아이들이 너무나 자연스럽게 가상의 존재에게 자신의 감정을 표현한다는 것이다. 이 장면에 공감하며 나는 메타버스 플랫폼으로 연계해 교육 콘텐츠 가상화를 계획 중이다.

하지만 AR 콘텐츠 관련 투자에는 비용이 든다. 투자를 왕성하게 한다 해도 플랫폼 구축을 위한 초기 장비 구입비와 주기적인 업데이트 비용을 무시할 수 없다. 또한 콘텐츠가 단편적이라는 문제점도 남는다. 이는 각각의 콘텐츠의 퀄리티가 아무리 좋더라도 각 콘텐츠마다 구동되는 다양한 IT 기술이 유기적으로 작동되게 하려면 손봐야 할 과정이 매우 복잡하기 때문이다. 이런 과정을 해결하려면 시간도 많이 들뿐더러 비용도 꾸준히 발생한다. 이는 메타버스를 구성하는 VR, AR, VR과 AR이 섞인 XR 콘텐츠 상관없이 모두에게 해당하는 문제다.

예를 들어 2019년 11월에 광화문 광장에서 열린 '3.1운동 및 대한민국 임시정부 수립 100주년 기념행사'에서 시민들에게 제공한 콘텐츠가 있었다. 참여한 학생들과 사람들은 디바이스를 착용하고 VR, AR로 재현된 100년 전 상해임시정부에 들어가 백범 김구 선생과 안중근 의사를 곁에서 만나보았다. 잠시 콘텐츠를 체험하고 몇 번 감탄을 하고는 기기를 벗고 나면 더 이상 할 게 없다. 기껏해야 해당 부분의 역사 관련 카탈로그를 펼쳐 보는 것뿐이다. 아쉬운 일이다.

교육 현장에서도 잠시 가상 콘텐츠를 체험한 뒤 암기식 학습으로 다시 돌아가야 한다면 교육 콘텐츠가 유의미했다고 할 수 있을까? 이를 보완할 방법은 무엇일까? 《스쿨 메타버스》(김상균·박기현 저, 테크빌교육, 2022)의 김상균 저자는 "콘텐츠 앞뒤로 다양한 형태의 콘텐츠가 엮어 하나의 연계형 학습 콘텐츠가 제공되도록 하는 상위의 기획, 제작이 필요하다"라고 말했다. 현실에서 충분한 학습을 하고 가상공간에서 학습한 내용을 생생하게 체험하고 자기주도적으로 표현하고 발표하고 토론할 수 있는 콘텐츠 기획이 필요하다. 가상공간에서 로그아웃 이후에는 체험하고 토론했던 학습 콘텐츠를 현실에서 상대방과 함께 피드백할 수 있는 콘텐츠가 있어야만 하나의 연계형 학습 콘텐츠가 형성이 될 것이다.

실제 교실에서 펼쳐진 교육 콘텐츠 모티브

대구 영남공업고등학교 국어 교사는 세계적 수필《안네의 일기》를 중심으로 VR 콘텐츠와 VR 토의 공간을 활용한 고등학교 문학 수업을 진행했다. 실제로는 고등학교 독서토론 동아리 학생을 대상으로 진행한 활동이었다. 여기서는 읽기 전, 중, 후의 활동을 1~3차시에 각기 배치했다.

1차시에는 읽기 전 활동으로서《안네의 일기》의 사회적, 역사적 배경인 제2차 세계대전과 전체주의 등에 대한 배경지식을 쌓는다. 관련 영화나 드라마 등을 이용해서《안네의 일기》작품의 이해도를 높이며 1차시를 마무리한다. 2차시에는 읽기 중 활동으로《안네의 일기》를 독서하고 이를 지도한다. 상황에 따라 독서는 학생들이 과제로 수행하도록 할 수 있다. 3차시는 읽기 후 활동으로 학생들이 VR 기기를 착용한 뒤 《안네의 일기》의 공간적 배경인 안네의 집을 둘러볼 수 있는 VR 콘텐츠를 이용하게 한다. 기기를 잠시 벗어두었다가 다시 착용하고 VR 토의 공간에서 《안네의 일기》의 인상 깊은 구절에 대한 감상, 인사이트 그리고 작가의 삶이나 당시의 사회적, 정치적, 경제적 배경에 대한 토의를 진행했다고 한다.

이 수업을 지도한 이제창 선생님은 인터뷰에서 학생들이 VR 콘텐츠를 이용하는 데 있어서 몰입감이 높다고 말했다. 또한 VR 토의 공간에서는 귀여운 3D 아바타를 하고 테이블에 둘러앉아 학생들이 토의하는 모습에서 수줍고 표현에 소극적이던 학생들이 평소의 모습과 달리 즐겁고 편안하게 이야기를 나누는 모습을 볼 수 있었다고 한다.

나는 이 적용 사례를 읽으면서 유튜브가 처음 활성화되었을 때가 떠올랐다. 많은 사람들은 영상을 비판적으로 생각했다. 텍스트나 이미지를 보는 게 정보 습득 속도가 빠른데 어떻게 영상만 보고 있겠냐는 것이다. 하지만 이제 사람들이 정보 검색을 유튜브에서 하는 시대가 되었다. 이는 VR도 마찬가지라는 생각이 든다. 당장은 매번 기기를 착용하는 것이 번거롭게 느껴지겠지만 기기가 간소화되고 보편화되는 시점이 곧 올 것이라 생각한다.

세종대왕 업적 체험하고 영어로 쓰고 말하기

우리 공부방에서도 영남공업고등학교처럼 VR 콘텐츠를 활용한 수업을 진행하고 있다. 이 수업은 3단계로 이루어진다. 각 단계별로 수업 내용을 자세히 소개하면 다음과 같다.

1단계, 수업 소개하기

마인크래프트 에듀케이션 에디션을 활용해 영어 글쓰기와 어법 수업을 진행했다. 초등 6학년부터 중학교 1학년 학생을 대상으로 주1회 금요일에 2시간씩, 총 3차시 수업으로 데모 진행을 했다.

1차시에는 마인크래프트 에디션에서 세종대왕 아바타 모습으로 칠판에 영어 글쓰기에 필요한 어법 설명을 진행했고, 학생들은 각자 조선 시대의 인물 아바타로 들었던 어법 내용을 자신의 언어로 표현하도록 진행했다.

2차시에는 과제로 세종대왕 업적에 대한 영어 스토리를 읽거나 배경지식을 쌓을 자료를 조사하게 해서 마인크래프트 서바이벌 모드에서 제공하는 맵 안에서 학생들이 제한 시간 안에 시대를 구현해 보도록 활동을 진행했다.

그런 뒤 마지막 3차시에는 각자가 만든 결과물 배경으로 영어 에세이 발표를 했고 이를 학생들이 함께 들으면서 자기 평가와 동료 평가를 바탕으로 체크리스트를 작성하도록 함으로

써 에세이 단원을 마무리했다.

2차시 마인크래프트 활동에 들어가며 내가 학생들에게 준 과제는 한 가지였다. '세종대왕이 되어 살아보기!' 조선시대의 세종대왕의 모습을 구현하도록 했는데 만약 그 당시 세종대왕의 업적에 맞지 않는 모습을 구현했다면 감점 1점, 시대에 맞고 업적에 맞는 도구를 구현하면 가점 1점을 주겠다고 했다.

또한 최종 영어 글쓰기에 대한 발표도 기존 첨삭 규칙에 맞춰서 감점 또는 가점을 계산하겠다고 했다. 활동이 시작되자 학생들은 조선시대에 세종대왕의 업적을 생각하며, 훈민정음 창제와 해시계, 물시계 등 과학 기술을 장려한 모습, 궁궐 밖에 백성들이 글을 몰라 안타까워하며 다독이는 모습들을 마인크래프트 안에 스스로 구현해나갔다.

2단계, 수업 전개 과정

1차시, 수업 들어가기

공부방 랩실에서 1차시를 시작하며 이후 3차시까지 이어질 마인크래프트 활용 수업의 과정을 안내하고 마인크래프트를 활용해 수행할 핵심 과제인 '세종대왕이 되어 살아보기!'의 내용과 시간 제한, 가점 및 감점의 규칙을 설명했다. 그리고 이 내용이 포함된 영어 스토리북과 신문 기사의 프린트를 주었는데 이 프린트 외에도 자신이 마인크래프트로 재현한 조선시대의 특징과 세종대왕의 업적을 재현할 사항을 정리해 기록할 수 있는 체크리스트를 포함시켰다. 그런 뒤 학생들을 마인크래프트에 접속시켜서 강의를 듣고 칠판에 설명하게 하고 그 다음 주에 조선시대 미션의 제한 시간이 시작됨을 알려주어 본격적으로 시작하게 했다.

2차시, 조선시대 세종대왕으로 살아보기

학생들은 제한 시간 30분이 시작되자 본격적으로 궁궐을 만들기 시작했다. 울타리를 만들고 돌로 건축물을 지으며 경복궁과 같은 모습을 구현해나갔다. 학생들은 세종대왕 아바타의 모습을 서로 협동하고 상의하며 똑같게 맞췄다. 또한 가장 큰 업적 중 하나인 훈민정음 창제 과정 중에서는 한글의 자음과 모음 글자를 부각시키려고 노력했다. 학생들이 집단성과 공동체성을 표현한 순간들이었다.

3차시, 결과물 발표와 피드백

3차시에는 랩실에서 모두의 결과물을 함께 둘러보며 영어로 '세종대왕'에 대한 글쓰기를 발표하고 수업 룸에서 피드백하는 시간으로 진행했다. 열심히 만들고 자신이 만든 것을 다른 학생들한테 뽐내고 싶은 마음, 그것이 마인크래프트 수업의 최대 동기로 작용했다. 학생들 모두는 서로의 결과물을 살펴보기 위해 수업 룸 화면에 집중했다. 나는 결과물들을 학생들에게 보여주면서 피드백하고 가점과 감점 요소를 가리며 평가를 진행했다. 내가 학생들의 결과물을 하나하나 보여줄 때 학생들은 '나는 이런 이유로 이걸 이렇게 했고 저건 저렇게 했다. 영어 에세이 또한 어떤 내용에 초점을 두고 이렇게 썼다' 하는 발표를 해나가면서 체크리스트를 채워나갔다. 옆에 앉은 학생들의 결과물에 대한 체크리스트도 보면서, 이 시간 내내 학생들은 굉장히 높은 집중도를 유지해갔다.

3단계, 수업 소감 나누기

이 수업에서 학생들이 보여준 능동적인 태도, 문제해결 능력, 시간 관리 능력, 영어를 말하고 쓰기 표현 능력은 아주 훌륭했다. 그리고 이런 능력들을 바탕으로 상황에 맞게 협업하고 제한 조건하에 집중하면서 눈에 띄게 발휘하던 창의력도 대단했다. 공부방에서 학생들이 무엇을 어떻게 만들어낼지 내가 예측하는 건 무의미하다. 내가 미리 생각해본다고 하더라도 실제 수업에서는 학생들이 활발히 상호작용하며 만든 색다른 결과물들을 만나게 되기 때문이다.

한편 나는 참여한 학생이 각자의 속도에 따라 몰입감 있게 학습해나가는 모습을 목격할 수 있다. 그리고 평상시 영어 시간에 배웠던 지식과 역량을 학생들이 얼마나 가지고 있는지를

출처: 마이크로소프트 에디션

관찰할 수 있다. 처음 마인크래프트를 활용한 수업을 적용해 보고 싶다가도 막상 시작하려면 망설이게 된다. 마인크래프트 자체를 잘 모르거나 학생들이 영어 수업의 본질을 잊은 채 들 떠서 수업을 통제하기 어려울 것 같은 두려움, 혹은 내가 새롭 게 준비해야 할 것이 많을 것 같아서 적용하기 꺼렸던 부분이 적지 않았다. 하지만 일단 시작해 보고 시뮬레이션 수업을 하 고 나니, 기존에 동영상이나 코칭 방식으로 영어 어법을 가르 친 것보다 훨씬 학생들이 수업 효과에 빠져들게 됐다.

정식 마인크래프트 에듀케이션 에디션 라이센스를 구매하 게 되면 기능과 기술을 체계적으로 배운 다음 기존 영어 어법 강의 콘텐츠를 마인크래프트 플랫폼으로 이전해서 학생들이 마인크래프트 플랫폼 안에서 설명하고, 스토리를 구현해 보고 영어 글쓰기와 말하기를 표현해 볼 수 있는 시간을 만들어봐야 겠다. 마인크래프트 수업? 일단 한번 해보자!

메타버스 안에서의 문화 체험을
실제 체험 활동과 연계한다

삼성, 가상세계와 현실세계의 전시를 혼합하다

2022년 1월, 삼성전자는 3D 메타버스 부동산 플랫폼인 디센트럴랜드(Decentraland) 안에 자신들의 플래그십 매장을 론칭했다. 삼성이 메타버스 공간에 오픈한 매장은 뉴욕 맨해튼 워싱턴 스트리트 837번지에 위치한 삼성 837 플래그십 매장의 메타 버전이었고, 이들은 오프라인 매장의 이름을 따 '삼성 837x'라고 이름을 붙였다.

삼성전자 미국 법인 공식 사이트에 따르면 메타버스 전시장은 커넥터비티(Connectivity) 극장, 지속가능성의 숲(Sustainable Forest) 그리고 커스터마이제이션 무대(Customization Stage), 이렇게 세 가지 테마관으로 나뉘었다. 그 의미를 따지자면 '접속이

가능한 극장' '지속가능성의 숲' 그리고 '고객의 요구에 맞추는 주문 제작형 무대'라 풀이할 수 있을 것이다.

삼성은 이번 이벤트를 세계 최대 전자·가전 전시회인 'CES 2022행사'의 삼성전자 홍보관에서 진행했으며 이곳에서 고객들은 삼성의 제품 소개 영상을 보면서 수백만 개의 디지털 나무를 통한 신비로운 가상세계를 경험했다.

고객들은 메타버스가 구현한 가상 전시장에서 실제 뉴욕 플래그십 837 전시장에서 동시에 진행되는 이벤트를 마음껏 체험하고 즐겼다.

혁신의 DNA를 실험한다

이번 이벤트에서 또 다른 특이한 점은 유저(User)들이 삼성 NFT 배정을 획득하고 세 개의 한정판 NFT 웨어러블 아이템을 상품으로 제공하는 퀘스트에 참여할 수 있었다는 점이었다. 메타버스 공간은 실제 매장처럼 화려하고 예쁜 공간으로 꾸며져 있다.

커넥티비티 극장 안에서는 삼성전자 홍보영상과 제품 영상을 감상할 수가 있다. 두 번째 체험은 지속 가능성의 숲 테마관인데 이곳에서는 수많은 디지털 나무들이 구성돼 있으며 마치 자연으로 온 듯한 느낌을 받을 수가 있다. 숲을 지나서 연못 속으로 빠지면 자신의 아바타가 용이 되어서 새로운 신비한 경험을 할 수 있도록 구성했다.

실제로 삼성전자는 건강한 기후와 지구를 만드는 활동의 일환으로 2022년 1분기 말까지 마다가스카르섬에 200만 그루의 나무를 심는 프로젝트를 시작했다고 한다. 이곳을 지속가능한 숲 가상공간에서 표현했다고 볼 수가 있다.

세 번째는 커스터마이제이션 스테이지 테마관인데, 이곳에서는 신나는 음악과 함께 아바타들이 서로 춤추며 소셜 활동을 할 수가 있다. DJ 파티 시간에는 감마 바이블(Gamma Vible)이 진행하는 댄스파티를 실제 뉴욕 맨해튼에 위치한 오프라인 플래그십 매장과 그리고 이곳 가상 전시장에 혼합 형태로 즐길 수가 있었다.

나 역시 삼성전자가 디센트럴랜드에서 해나갈 앞으로의 활동과 이벤트들이 굉장히 기대된다. 그뿐만 아니라 글로벌 기업들의 메타버스에서의 활동이 매우 기대된다.

모험과 경험이 부족하면 좋은 어른이 될 수 없다

앞에서 이미 이야기했듯이 나는 2015년 여중생 2명과 아들, 친한 원장님과 함께 미국 서부 문화 체험을 했다. 그랜드캐니언과 죽음의 계곡(Death Valley)을 렌터카를 이용, 혼자 몇 시간을 운전해서 도착했다. 가는 도중에 주유소와 휴식 장소에서 여러 현지인과 대화하고 도움을 서로 주고받았던 기억이 아직도 생생하다. 자연의 웅장함과 아름다움에 몇 시간을 멍하니 바라보기만 했었다.

할리우드의 유니버설 스튜디오에 도착해서는 하루종일 놀이기구, 영화 촬영 스튜디오 등 다양한 시설들을 체험했다. 〈쥬라기월드〉를 모티브로 한 놀이기구며 실제 메타버스를 미리 체험하듯이 〈분노의 질주〉의 주인공이 된 듯 세계에서 가장 크고 강렬한 3D 체험도 했었다. '해리 포터'의 세계에 빠져들어 마법 주문을 학생들과 외워보고, 호그스미드에서 기념품도 구입했다. 그리고 트랜스포머와 함께 상상을 뛰어넘는 전투를 경험해 보기도 했다.

유니버설 스튜디오에 나와서는 팀을 나눠서 팀별로 저녁을 사 먹기로 했는데, 나는 여학생들과 미국 서부에서 유명한 '인앤아웃버거' 프랜차이즈 점에 들러 햄버거를 먹었다. 모든 주문은 여학생들이 하도록 했는데, 처음에는 쑥스러워서 주문도 못 하던 학생들이 직원의 친절한 배려로 용기를 내어 주문에 성공했다. 그때 먹은 햄버거는 아직도 맛이 생생하다. 실제로 다른 패스트푸드점과 달리 인앤아웃 매장에는 냉동고가 없다고 한다.

모든 재료를 냉장 상태로 유통, 보관, 사용하기 때문에 햄버거에 들어가는 재료가 부드럽고 신선했다. 또한 감자튀김도 냉

동감자를 쓰지 않고 감자를 잘라서 튀기기 때문에 거의 갓 튀긴 신선한 감자튀김을 먹을 수 있다. 따라서 보통 다른 패스트푸드점보다 감자가 기름지지 않고 담백했다.

라스베이거스에 도착해서는 쇼핑거리, 먹거리 그리고 다양한 쇼들, 화려한 호텔들에서 펼쳐지는 다채로운 이벤트들은 우리 모두에게 잊지 못할 이색 체험이었다. 특히 〈태양의 서커스〉, 그중에서도 '오쇼(O Show)'가 인상 깊었다. 벨라지오 호텔에 있는 'O Theatre(오 극장)'에서 펼쳐지는 세계에서 가장 유명한 쇼 중 하나를 봤다. 모든 티케팅과 좌석 선정, 시간 스케줄을 아들과 여학생들이 상의하고 결정하게끔 했다. 나는 사전에 라스베이거스의 치안이 안전하다는 것을 알고 있었기 때문에 안심이 되었고, 그 과정 속에서 학생들이 현지인과 이야기 하거나 여행객들과 소통하는 기회를 많이 체험했다.

학생들이 직접 구매한 표를 가지고 공연을 보게 되었는데 우리 모두 입을 다물지 못할 정도의 스펙터클을 보여주고 엄청난 양의 물을 무대 위에서 사용하는 것을 보고 혀를 내둘렀다. 충분히 몰입할 수 있는 놀라움을 보여주었다. '오쇼'를 다 보고 나서 호텔에 돌아와 이야기를 나누고 감상문을 쓰자고 했다. 학생들은 시각적인 자극과 놀라움에 있어서 더 필요가 없을 만큼의 신선한 경험을 했다고 했다.

다만 아쉬운 점은 전개 방식에서 스토리가 빠져 있어서 좀 더 긴장감 있고 몰입감 있는 기승전결이 드러나는 이야기가 있었으면 더 좋았겠다는 표현을 했다.

"모험과 경험이 부족하면 좋은 어른이 될 수 없다."

일본 철도의 광고 카피다. 모험과 경험이야말로 어른으로 성장할 수 있는 가장 확실한 보험이다. 그런데 아무리 많은 모험과 경험을 해도 그걸 표현하지 못하면 가치를 잃어버린다. 나를 포함해 함께했던 학생들이 체험하고 모험한 기억을 함께 토론하고 자신의 언어로 표현했기에 더욱 의미 있는 문화 체험이었다고 생각한다.

이제, 메타버스로 체험해 보자

2015년 미국 서부 문화 체험을 한 후 아쉬운 점이 두 가지 있었다. 한 가지는 학생들이 현지에서 현지인과 영어로 대화하는 상황에 쑥스러움을 느껴 영어 실력을 마음껏 드러내지 못한 점이다. 그리고 또 한 가지는 함께 가고 싶어 했던 남학생들이 있었는데, 5명 이내로 제한하면서 함께하지 못한 아쉬움이 컸다. 문화 체험을 경험하고 난 후 학생들은 학교 수업이며 일상을 살아가는 태도가 많이 달라졌다. 확연히 달라진 여학생들을 보니 미국 서부 여행을 경험해 보지 못한 남학생들에게 더 미안함을 느꼈다.

그렇기 때문에 나는 메타버스가 변화를 가속화시키는 구심점이 될 수 있다고 생각했다. 학생들이 가상세계에서는 영어로 대화하는 상황에 한결 낮은 긴장감을 가지고 대화를 적극 시도할 수 있기 때문에 영어회화 능력이 보다 빠르게 향상될 것 같다. 그리고 함께 가지 못한 남학생들이 가지 못했던 장소, 상황 등의 환경을 경험해 보는 것은 기술적으로 몰입적 시각을 제공해 주는 360도 VR 등을 사용하면 된다.

《스쿨 메타버스》의 김상균, 박기현 저자는 이제 아이들의 배움의 영역은 가상세계로 확장되어 온 세상을 배울 수 있는 시대가 왔다며 "가상세계의 경험 확장 과정에서 새로운 교육이 이루어진다"고 했다. 교실에는 앞으로 메타버스 원리를 이용한 학습 방식이 지금보다 훨씬 많이 도입될 것이다. 원격 수업은 이제 교사들의 일상이 되었고, 그 중심에 메타버스가 있다는 저자들의 주장은 실제 학교에서 속속 적용되고 있다.

그러나 공교육에 이 방식이 도입되기까지는 꽤 오랜 시간이 걸릴 것이다. 나는 우리 공부방에 오는 아이들에게 한 발 먼저 메타버스를 활용한 체험과 교육의 기회를 제공하고 싶다. 메타버스로 확장된 시각 경험, 조작 경험, 관계 경험은 아이들에게 훨씬 많은 자극과 동기부여를 가능하게 해줄 것이고 또 모험과 경험을 무한대로 확장하게 해줄 것임을 나는 확신한다.

확장 경험으로 상상의 날개를 펼치다

시각 경험은 현실 세계에서 해당 경험의 실현 가능성과 접근성에 따라 전달 강도와 가치가 달라진다고 한다. 예를 들어 코로나19 팬데믹 상황에서 미국의 그랜드캐니언 등 해외 관광지를 보여주는 유튜브 영상을 통한 시각 경험의 가치가 상당히 높아졌다. 경험의 전달 강도는 교육 분야에서 특히 의미가 크다고 생각한다. 조작 경험의 확장은 가상세계에서 기계나 상황을 조작해 보는 것을 가리킨다고 한다. 조작 경험이란 기계를 다루는 일에 한정되는 개념이 아니라 그랜드캐니언 등을 체험하는 VR 콘텐츠에서 날씨를 조작하는 것, 그랜드캐니언이 생겨난 원인을 추적해 보는 것 등을 사전 체험하며 신체를 움직이는 것 모두를 포함하는 폭넓은 개념이다.

관계 경험은 가상세계에서 일어나는 타인과의 관계 행위를 가리킨다. 시각 경험이나 조작 경험은 학습자 개인이 홀로 체험하고 나갈 수 있는 것들이다. 하지만 관계 경험은 가상세계 안에서 여러 학습자가 상호관계를 만들어나가는 과정에서 생성된다고 한다. 예를 들어 영어회화 학습을 위한 가상공간에서는 학습자가 상대방과 활발하게 소통하며 영어로 대화 나누기를 주도할 것이다.

가상세계와 현실 세계가 소통할 때 열리는 메타버스의 세계, 다양한 소통의 종류 가운데 다른 나라의 문화 체험과 학습이라는 특정한 소통을 유발하는 체제를 교육자가 의도적으로 구축할 수 있다는 것, 여기에 엄청난 확장 경험을 제공하는 메타버스 공간을 상상해볼 수 있다.

다양한 장점과 활용성을 가지고 있는 메타버스 플랫폼은 단지 게임, 영화를 넘어 다양한 분야로 확대될 것이고, 교육 분야에서는 차세대 인재 양성 플랫폼으로 각광을 받을 것으로 예상된다.

5장

메타버스 공부방
운영의 비밀 노하우

단기 수강생을
장기 수강생으로 만드는 방법

공부방은 대형 학원 가기 전에 들르는 정거장?

공부방을 운영하다 보면 학생과 학부모의 니즈가 서로 다른 경우가 많다. 대다수 학부모님은 자녀를 대형 어학원으로 보내 서로 경쟁도 하고, 체계적인 단계로 영어 역량을 키우길 원하는 경우가 많다. 하지만 학생들은 공부 근력이 생기지 않는 상태에서 과도한 학습 분량과 어학원의 수업량을 따라가기 버거워하고 스트레스를 많이 받아 정작 스스로 공부해야 할 시기에 공부를 하지 않는 경우까지 생긴다. 우리 학원에 온 학생 K가 그런 경우였다.

K는 영어 역량에 대한 어머니의 과도한 기대치와 본인의 공부 니즈가 달라서 초등 6학년 때 자살 시도까지 했다고 했다. K의

어머니는 그날 이후 한발 물러섰다. 조금 느슨하게 감정을 다스리는 마음으로 나한테 3개월 정도만 아이를 보내 그동안 놓친 영역을 잡아주고, 대형 어학원의 진도에 아이가 너무 뒤처지지 않을 정도의 실력 향상만 해달라고 요구해 왔다.

솔직히 처음에는 K 학부모처럼 이렇게 노골적으로 3개월만 다닌다고 하면 진심 어린 상담의 태도가 나오지 않았다. 하지만 학원을 경영하고 사람 관계에서 발등을 찍히고, 나 자신을 뉘우치게 만들었던 여러 실패로 인해 '말의 소중함'을 느꼈다. 특히 교육 경영은 말로 시작해서 말로 끝나는 업종이라 끊임없이 말을 할 수밖에 없다. 교육 경영이 아니더라도 말의 중요성은 아무리 강조해도 지나치지 않다. 동서양을 막론하고 '혀는 마음을 베는 칼이다', '말 한마디로 천 냥 빚을 갚는다', '현명한 자는 귀는 길고 혀는 짧다' 등 말에 관한 속담과 격언으로 말의 중요성을 강조하고 있다. 그래서 나는 단기 수강생 상담을 하더라도 공부방을 단기 수강 후 떠나게 하는 말을 절대 하지 않기로 노력했다.

입 밖에 내서는 안 되는 말들

다년간 실패의 경험을 쌓으면서 내가 축적해온 상담의 말들이 있지만, 나는 어떤 말을 하느냐보다 어떤 말을 '안 하느냐'에 더 집중한다. 특히 학부모 상담에서 학부모나 학생에게 절대로 해서는 안 되는 말들의 목록을 정리해서 두고두고 기억하는 편이다. 여기, 입 밖에 내서는 절대 안 되는 말들을 소개한다.

"전체가 엉망입니다"

이 말은 학생의 문제점을 제기하는 의도일 수 있으나 듣는 부모의 입장에서는 결코 유쾌할 수 없다. 그러면서 이 정도로는 3개월 후에 대형 학원을 가도 '전기세' 내주러 가는 거니, 계속 우리 공부방에 다녀야 한다는 식의 상담은 학부모의 기분을 나쁘게 할 수 있다.

학생의 기초 실력이 부족해 단기간의 학습으로는 학부모가 원하는 레벨에 올라가지 못한다고 판단될 때는 대신 이렇게 말한다.

"기초가 많이 부족해서 문제가 많지만 열심히 개별 맞춤 수업으로 하면 천천히 해결될 것 같습니다. 다만 충분한 시간을 두는 게 필요합니다. 조급해하지 마시고 기다리시면 반드시 좋아질 것입니다."

"어디서부터 손을 써야 할지 모르겠어요"

문제가 많다는 것을 알리려는 의도겠지만 오히려 공부방의 커리큘럼이 약함을 나타내는 것으로 오해할 수 있다. '레벨 테스트로도 파악이 되지 않는다는 거야? 다른 공부방이나 다른 곳 과외로 가야 하나?'라고 생각할 수 있으므로 "자녀의 특성을 감안해 빠르게 레벨 업할 수 있는 학습법을 찾아 결정하도록 노력하겠습니다"라고 안내한다.

"이처럼 다양한 방면에서 문제가 보이는 학생은 대형 어학원에 가도 제대로 적응 못 합니다"

부정적인 의미에서 학습 지도의 어려움을 사전에 부모님이 알기 바라고 공부방도 힘드니 조급하게 재촉하지 말아달라는 뜻이겠지만 '우리 아이가 꼴통이라고?'라며 서운하게 받아들일 가능성이 높다.

"자녀는 개성과 집념이 강해 보이고 단점보다 장점이 많은 학생인 것 같습니다. 적극성만 보이면 집중에 월등한 능력이 보입니다. 선택과 몰입을 보이면 3개월 후 대형 어학원의 커리큘럼 전 단계까지 갈 수 있습니다. 부모님께서 조금만 여유를 가져주세요"라고 바람직한 방향을 제시한다.

상담의 성공 요소는 세 가지를 하지 않는 것이라고 생각한다. 설득하려고 하지 말 것, 요구하지 말 것, 지적하지 말 것! 그리고 무엇보다 상담에 성공하려면 말을 줄이고 경청하려고 하는 것이 더 필요하다. 그 이유는 말을 많이 할수록 실수가 많아지고 실행하지 못해 실패할 가능성이 높기 때문이다.

단기간에 대형 어학원과의 차별성을 보여주다

나는 우리 학원에 오는 학부모와 학생에게는 많은 질문을 하고 학부모가 더 많은 말을 하도록 유도한다. 그렇게 함으로써 학부모가 자녀에 대해 기대하는 바와 우려하는 부분을 제대로 파악할 수 있기 때문이다. 이때 상담했던 내용을 기록해서 학생을 코칭하면서 우리 공부방의 장점들을 학부모에게 자연스럽게 알려주는 피드백을 드린다.

예를 들어 월간 리포트와 숙제 관리 피드백의 경우, 피드백은 형식적이지 않으면서도 학부모의 입장에서 정성을 다해 상담해드리려고 노력한다. 보통 대형 어학원의 피드백은 형식적이고 원어민 상담도 되지 않는 경우가 많다. 아이를 가르치는 원어민과 이야기를 나누고 싶어도, 학부모가 영어가 안 되니까 몇 년을 다녀도 아이 선생님하고 한마디를 나눌 수 없다는 이야기를 하신 학부모 고민을 들었던 적도 있다. 상담 실장들 또한 수업을 하지 않으니 단순히 수업한 선생님의 피드백을 갖고 상담에 임하기 때문에 우리 아이의 특성을 모르는 경우가 많다.

그러기에 나는 대치동 현직 원어민 강사의 온·오프 수업(메타버스 플랫폼 구축)과 친밀 첨삭을 직접 피드백해드린다. 그리고 빠르게 레벨업시켜주는 저레벨 콘텐츠와 레벨이 올라갈수록 아카데믹해지는 콘텐츠로 확실한 데이터와 감성적인 부분을 가지고 피드백을 한다.

이렇게 아웃풋 중심의 결과와 동기부여적 요소를 감안해서 학부모님께 보여주면 상담 시 기대했던 것보다 그 이상을 학부모들은 얻는다고 생각한다. 그리고 나는 학생 코칭한 지 한 달정도 됐을 때 정성 어린 피드백 상담과 함께 학부모님께 메이트 설문지 작성을 구글 폼으로 제시한다. 이 설문지는 박동옥원장의 저서 《1등 학원 상담의 비밀》(미래와경영, 2014)에서 가져온 것이다. 저자는 상담용일 경우 얼마든지 설문지를 활용해도 된다고 했기에 우리 원에서도 이 설문지를 이용하는 편이다. 학부모가 주로 어머님이신데, 최근에는 아버님이 작성하는 경우도 많아서 설문지에 나오는 내용을 5문항 정도 작성하면 어렴풋이 학부모 자신의 문제점을 느끼게 되며 10문항 정도를 접하면 확연하게 느끼게 되면서 생각해볼 수 있는 시간을 갖게 된다. 그러면서 설문지 작성했던 학부모들은 나와의 협력을 통해 자녀에 대한 문제해결 제시를 더 적극적으로 수용하시고, 장기간 수강생으로 이어질 수 있는 신뢰를 쌓는 계기를 마련하게 된다.

연어처럼 다시 돌아온 H

H라는 학생은 초등학교 1학년 때 3개월만 단기 속성으로 우리 공부방에서 수업받고 중국 국제학교로 떠났다. 그 국제학

교가 나름 합격하기 어려운 곳이었는데, H의 합격 이유는 "영어 질문에 엉뚱한 답을 하긴 했지만, 자신감이 넘치고 영어로 대답할 때 예의 바르게 인사하고 싱글벙글 웃었다. 그래서 영어 역량을 많이 키우긴 해야 하겠지만, 태도가 너무 좋아서 합격시켰다"였다. H는 2년 후 코로나로 한국에 다시 돌아왔는데, 대형 어학원의 유학생 반으로 안 가고 우리 공부방으로 컴백한 그 이유는 내가 메타버스로 계속 중국 국제학교 다니는 중간중간 H에게 코칭을 이어갔고, H가 메타버스 아바타 수업을 너무 좋아하고 이 효과가 얼마나 좋은지 알았기 때문이었다. 지금도 H는 주 2회 영어 논술 수업을 나에게 3년째 받고 있다.

대개 국제학교 수업을 받고 돌아온 학생들은 유학생 반이 별도로 구성된 대형 학원 수업을 듣는 게 영어학원 업계의 공식화된 규칙이다. 그런데 H의 부모님도 H의 뜻도 모두 우리 공부방으로 돌아와 공부하는 것이었다. H는 현재 레벨 업에 따른 아카데믹 콘텐츠와 교재로도 영어 실력을 차곡차곡 쌓는 중이다.

단기 수강생을 장기 수강생으로 만들려면

H가 다시 우리 공부방에 돌아온 이유는 메타버스로 꾸준히 관리한 이유도 있지만, 단기 수강생을 장기 수강생으로 만든 주원인은 학부모님과 학생에 대한 꾸준한 피드백과 탄탄한 로드

맵 그리고 단기간 레벨 업되는 과정들을 보여줬기 때문이다. 또한 우리 공부방뿐만 아니라 타 학원이나 공부방을 가더라도 선생님-학부모-학생의 유기적인 신뢰 관계가 쌓이면서 방향성과 문제해결이 제시되어야 한다고 생각한다.

가끔 '시스템'만을 강조하는 학원이 있다. 하지만 그 확실한 시스템은 당연히 기본이어야 하고, '인적 자원'만으로 살아가야 하는 미래에는 '인간적인' 관계가 필요하다고 생각한다. 《1등 학원 상담의 비밀》의 저자 박동옥 원장은 말한다. "공부를 하는 목적 중에 하나는 미래를 보는 혜안을 기르는 것이다. 결국 공부를 통해 다양한 지식을 체득해 불안전하고 어두운 미래를 선명히 보며, 사물(기회, 성공 가능성 등)을 정확하게 판단하는 능력을 배양하기 위해서라고 말할 수 있다."

비록 새로운 지식이 예측할 수 없을 정도로 많이 밀려오는 4차 산업혁명 시대가 도래하긴 했지만, 이럴 때일수록 미래를 위한 유일한 대비는 순간적으로 나타나는 기회를 남보다 빨리 분석하는 혜안을 기르는 것이 중요하다. 나는 '영어'와 '메타버스 플랫폼'이라는 도구를 통해 그 '혜안'을 볼 수 있도록 코칭하고 싶다.

전화 상담을 100% 결제로
연결하는 비법

'의미'는 힘이 세다

나는 학부모와 자녀 상담을 할 때, 《성경》에 나오는 '의미의 힘'을 매번 느끼곤 한다. 특히 자녀에 대한 '의미'를 학부모에게 부여해줄 때 학부모님의 태도가 달라진다. 예수의 열두 제자는 예수가 살아 있을 때는 정말 별 볼일 없는 집단에 불과했다. 비슷한 그들 자신들 가운데 누가 가장 훌륭한지를 두고도 언쟁을 벌이다가 예수에게 주의를 받기도 했다. 그러다가 예수가 처형당하게 되자 제자들 중 그 누구도 예수를 구하려 하지 않고 도망치고 만다. 그러던 제자들은 예수의 부활과 승천 후에 자신들의 기존 직업을 버리고 열정적인 전도사로 변했다. 그들의 역할이 없었더라면 당시 금지돼 있던 그리스도교는 확산되지 못했을 것이며, 만약 그렇게 되었다면 오늘날 이 세상의 모습은 상당히 달려졌을 것이라고 생각한다.

다시 말하자면, 이 한심한 제자들의 활동으로 그리스도교는 세계 종교로서 초석을 놓을 수 있었다. 하지만 실제로 종교의 성과를 끝까지 지켜본 제자는 없었다. 요한 이외의 열한 제자는 모두 창에 찔리거나 거꾸로 매달리거나 절벽에서 떠밀리거나 곤봉으로 얻어터지는 등 비참한 고문을 받은 끝에 순교했다.

예수의 제자들이 이토록 달라질 수 있었던 것은 자신의 인생에서 진정한 의미를 찾아냈기 때문이다. 그건 바로 그리스도의 복음을 세상에 전하는 일이었다. 예수의 열두 제자는 리더가 의미를 부여함으로써 구성원들에게서 얼마나 엄청난 에너지를 이끌어낼 수 있는지 보여주는 가장 대표적인 예다.

'의미'에 대한 동기를 부여하다

학원에 상담을 해 오는 학부모들은 상담 전에 어느 정도 블로그나 인스타그램 등 SNS를 통해 상담하려는 학원이나 공부방의 시스템과 콘텐츠를 숙지한 후 전화를 걸어 온다. 이미 어느 정도는 스스로의 기준에 따라 판단을 내린 상태이므로 상담 전화상에서 '우리 학원'이나 '우리 공부방'의 장점을 늘어놓는 것은 큰 의미가 없다.

생텍쥐페리는 《어린 왕자》에서 이렇게 썼다. "만약 배를 만들고 싶다면 사람들을 불러모아 목재를 마련하고 임무를 부여하고 일을 분배할 게 아니라 그들에게 끝없이 넓은 바다를 동경하게 하라."

넓은 바다를 동경하게 함으로써 배를 만들게 독려하다니, 너무 멋진 일이었다. 나는 이 문장을 읽자마자 즉시 전화 상담에 적용해 보기로 결심했다.

이후 학부모가 전화 상담을 해 오면 나는 먼저 아이의 학습 이력을 다양하게 물어본다. 그리고 마지막에 "자녀에게 영어 공부를 시키는 동기가 무엇인가요?"라는 질문을 꼭 던진다. 그러면 대다수 학부모는 막연하고 모호한 답변을 내놓는다. 그때까지 영어 공부를 시키는 의미에 대해서 진지하게 생각해본 적이 없기 때문이다. 막연하게 당연히 남들이 다 하니까 시키는 것이고, 또 대학 진학에 필요하니 시키는 것이라고만 생각했고 또 영어를 잘해야 성공할 것 같은 생각에 한 가지 목표를 정해 그 방향으로만 자녀를 몰아붙이는 데 급급한 학부모님이 대다수였다.

그러나 아주 소수이긴 하나 영어를 공부하는 의미에 대해 고민하는 분들도 있다. 나는 목표에만 집중해서 매진하는 것과 공부하는 의미를 인식하고 동기부여가 된 교육 환경에서 끌어내는 에너지와 성과 사이에는 큰 차이가 있다고 생각한다. 의

미는 동기부여에 결정적 역할을 하기 때문이다.

그래서 나는 학부모와 전화 상담 시에 이 '동기부여'된 의미에 대해 꼭 강조한다. 처음에 학부모들은 나의 열정이 이상적이라고 생각했는지, 가볍게 웃었다. 그러나 내가 이에 굴하지 않고 "만약 우리 공부방에 다니는 학생들이 영어 공부에서 '의미'를 부여받지 못한다면 그것은 원장인 저의 무능입니다. 저희 공부방뿐 아니라 어느 학원을 가시더라도 그 부분은 꼭 확인하고 살펴보세요"라는 말을 하면, 더 이상 웃지 않는다. 그러고 이내 전화기 너머 학부모의 진지함이 느껴진다.

명확한 비전을 세우도록 한다

러시아의 문호 도스토옙스키는 《죽음의 집의 기록》에서 "양동이의 물을 다른 양동이에 옮겼다가 다시 원래의 양동이로 옮기는 일"처럼 전혀 의미를 느낄 수 없는 일이야말로 가장 가혹한 강제노동이라고 지적하고는 인간이 며칠 동안 이런 일을 계속한다면 아마도 미칠 것이라고 했다.

벽돌을 나르거나 땅을 일구는 작업은 육체적으로는 힘들다 해도 결국에는 살 곳이 완성되거나 먹을 것을 수확하면서 의미를 느낄 수 있기 때문에 인내할 수 있다. 하지만 의미가 없는 노동을 버티는 일은 매우 다른 차원의 이야기다. 대부분의 사람들은 이런 무의미한 노동이 반복되는 일을 받아들이지 못할 것이다. 인간은 의미를 찾는 존재이기에 그렇다. 또한 인간에게 중요한 것은 '양'보다 '질'이기에 더욱 그렇다.

노동도 그러한데, 학생들이 하는 미래의 공부는 더 말해 무엇할까? 단지 부모가 하라고 강조하니까 하는 공부, 질에 집중하기보다는 양에 치중하는 공부, 스스로 '의미'를 찾지 못하고 '공부를 위해 하는 공부'는 결국 아이들을 버티게 하지 못하고 지속가능하지도 않다. 결국 스스로 공부해야 하는 고등학교, 대학교에서 방황을 많이 하는 경우를 나는 수없이 보았다.

그러기에 나는 우리 공부방 학생들이 각자의 '의미'를 찾을 수 있도록 하는 데 주안점을 둔다. 의미를 찾고 동기를 형성하기 위해 아이들 각자가 공부를 하는 이유(WHY)와 본인이 생각하는 공부의 목적(WHAT)이 무엇인지를 생각해서 정리하도록 한다. 그리고 이런 밑그림을 바탕으로 어떻게 공부를 실천할 것인지(HOW)를 계획하게 한다. 그리고 이렇게 작성된 플랜을 학부모와 같이 공유한다. 명확한 비전이 없는 공부는 오래가기 힘들다. 내가 요청하는 세 가지 비전 플랜에 따라 학생들은 저마다 자신의 계획표를 세운다. 다음은 고등학교 1학년생이 작성한 비전 플랜이다.

• 내가 영어 공부를 하는 이유(WHY): 우리의 하늘과 인류의

우주를 위해 항공우주공학 분야의 공부를 하고 싶다.

- **영어를 공부하는 목적(WHAT):** 인문, 사회 및 문화에 대한 소양을 쌓고, 무엇보다도 국제화에 따른 최신 정보 획득 능력, 언어 구사 능력 등의 배양을 통해 국제적 경쟁력을 갖춘 사람이 되고자 한다.
- **영어 공부 실천 방법(HOW):** 공부방에서 다양한 영역의 아카데믹 원서와 대학 원서 공부로 배경지식을 쌓고 있고 항공·우주 관련 원서와 논문 및 기사를 스크랩해서 읽으려고 노력하고 있다.

결제의 비법은 감성과 의미에 있다

최근에 전화 상담을 해 오는 학부모 가운데는 축구, 발레, 리듬체조 등의 운동을 하는 자녀들이나 피아노, 드럼 그리고 그림 같은 예술 분야로 아이를 키우려는 분들이 많다. 과거처럼 공부만이 아이의 장래를 좌우한다고 믿는 시대는 지났음을 보여주는 하나의 지표라고 생각한다. 내가 이 아이들에게 놀란 점은 초등학생인데도 월요일부터 일요일까지 자신이 하고자 하는 분야를 하루에 4~5시간씩 몰입해서 한다는 점이다. 자신이 열정을 쏟고 있는 일에 대한 의미를 알고 있고 이 진로에 대한 명확한 '비전'이 있기에 가능한 일이 아닐까 생각한다.

아이들은 다 똑같다. 예술이나 체육 분야에 흥미가 있는 아이든 아직은 어떤 쪽에 자신의 적성이 있는지 찾지 못한 아이든 의미 있는 공부를 한다는 것을 스스로 알고, 자신이 짠 계획에 따라 비전을 설계한다면 억지로 하는 공부, 엄마를 위한 공부를 하는 일은 없을 것이다. 학부모와 학생들이 우리 공부방에 상담하러 와서 100% 가까이 결제로 이어지는 데에는 특별한 비법이 있는 것이 아니다.

상담이 등록으로 이어지는 '클로징' 노하우

뜬구름만 잡던 설명회와 상담, 신규 등록은 당연히 완패였다!

　2019년 1월 학원을 개원하면서 나는 학부모 설명회를 개최했다. 하지만 그 당시 원장인 내가 직접 설명회와 간담회를 진행했어야 했는데, 사람들 앞에 서면 땀이 나고 떨려서 외부 전문가를 초빙해서 진행하게 했다. 지금 돌이켜보면 학부모들은 원장의 가치관과 우리 학원만의 로드맵을 듣고 싶어 했을 텐데, 유튜브 영상이나 다른 SNS에서도 들을 수 있는 내용을 외부 전문가를 초빙해서 그것도 시리즈로 진행하니 학부모들의 호응도 떨어지고 강연 내용도 뜬구름 잡듯이 추상적인 게 당연했겠다 싶은 생각이 든다. 신도시에 개원해 학생들이 인근 지역에서 유입됐기에 영어 공부 수준에서 학생들마다 편차가 벌어진 상황이었다. 그런데 그 상황을 판단하지 못하고 상위 1% 학생이 되기 위한 학부모들의 비전을 제시하거나 특목고 커리큘럼을 이야기했던 것이다. 그래서 학부모들은 강연을 들을 때는 고객을 끄덕거렸지만, 당장 자녀들한테 적용하기는 힘들다는 피드백을 받기도 했다.

그렇게 아이들의 상황과 동떨어진 설명회와 간담회를 한 달 가까이 비싼 비용을 지불하며 진행해서 하루에 2~3건씩 신규 전화상담이나 방문상담을 하게 됐다. 그러나 나는 전화상담을 받을 때는 5분 정도 간단히 소통을 하고 호기심으로 방문하게끔 유도를 했어야 했는데 그러지 못했다.

학부모들이 질문을 던지면 우선 학원에 와서 자세히 설명을 들으라고 했어야 했는데 나는 얼굴도 보이지 않는 상태에서 전문적인 상담 내용을 모두 전달하기에 급급했고, 게다가 어떻게든 신규 등록을 해야 한다는 조급한 마음이 그대로 전달되는 상담을 진행했다. 어떤 학부모가 들어도, '아마추어처럼 들리는' 상담 수준이었다. 그런 까닭에 나와 전화 상담을 한 학부모들이 학원을 방문하는 경우는 거의 없었다.

나의 실수는 여기서 그치지 않았다. 상담차 방문한 학부모한테 내가 마치 '판사'인 듯 결론을 내리고, 우리 학원의 장점만 일방적으로 나열하기 일쑤였다. 어떤 경우는 상담 온 학부모들을 무시하거나 떨떠름한 표정으로 쳐다보기도 했다. 그러다 보니 어떤 학부모는 학원 문을 나갈 때 나의 인사도 받지 않고 문을 '꽝' 닫아버리고 나가는 경우도 있었다. 그 당시 나는 그런 행동을 하는 학부모들을 '몰상식하다'고만 생각했지 나의 상담 태도에 문제가 있을 거라고는 전혀 인식하지 못했다.

대체 무엇이 잘못된 걸까

학원을 개원하고 6개월이 지났지만 학생 수는 20명 남짓이었다. 월세 내고 강사들 월급 주고 나면 수입이 거의 '0원'이었다. 하루에 꾸준히 1~2명 이상 전화나 방문 상담이 이어졌는데도 불구하고 신규 등록으로 이어지지 않자 그제서야 나의 상담에 문제점이 있음을 인식하게 되었다.

그 이후로 나는 관련 학원 책을 구매해서 읽기도 하고, '학관노'라는 학원 원장 운영 교육기관에 등록해서 강의를 듣고 과제를 해나갔다. 그러면서 성공하는 학원으로 가는 활성화는 무엇보다 '상담'이 1순위라는 생각을 하게 됐고, 상담은 커뮤니케이션이라고 할 수 있으며, 커뮤니케이션이 잘 이루어지느냐 아니냐에 따라 상담의 결과는 성공과 실패로 나뉘어질 수 있다는 것을 알게 되었다.

마케팅에서 '클로징'이라는 말은 '고객 설득의 마지막 단계로 고객이 최종 결정하게 만드는 일'을 말한다. 나는 공부를 통해서 학부모 '상담'의 클로징을 이끌어낼 수 있는 방법 세 가지를 찾았다.

상담은 초두 효과를 기대하라

초두 효과(Primary Effect)란 미국의 사회심리학자 솔로몬 애시(Solomon Asch)가 주장한 것으로 상대방에게 첫인상으로 느끼는 이미지를 심리학적으로 표현한 용어다. 초두 효과는 먼저 제시된 정보가 나중에 들어온 정보보다 강한 영향을 끼치는 것을 말하며, 첫인상이 이에 속한다. 대부분 첫인상은 상당수 외모를 보고 느끼는 것으로 용모, 표정, 말투, 복장, 태도 등 외형을 기준으로 극히 제한된 상태에서 느끼는 것이라 한다. 그래서 초기 정보가 후기 정보보다 중요하게 여겨진다.

이 간단하지만 중요한 것을 놓친 나는 바로 편한 옷차림에서 벗어나 세미 정장과 구두로 바꾸었다. 또한 전화나 방문 상담 전 얼굴 근육 운동을 하고 '웃는 표정'을 지었다. 목소리도 밝은 '솔' 톤으로 바꾸었다. 특히 학생이랑 학부모가 같이 올 경우에는 학생의 외모를 칭찬했다. 예를 들어 "○○는 어머니를 닮아 눈이 아주 이쁘네!"라고 말해주었다. 그리고 학부모에게도 "그동안 ○○를 키우면서 수고 많으셨어요!"라고 먼저 말을 꺼낸 후 상담을 진행해나갔다.

맥락 효과를 기대하라

맥락 효과는 처음에 들어온 정보가 나중에 들어온 정보의 해석 지침을 제공한다는 의미다. 처음에 부정적으로 인식이 되면 나중에 들어온 정보는 무조건 부정적으로 인식할 가능성이 많은 반면, 처음에 긍정적으로 인식이 되면 나중에 들어오는 정보도 긍정적으로 인식이 되는 것을 의미한다. 코로나19 이후로 신규 상담하는 학생들 대다수가 영어 학습의 공백이 많다 보니, 초등 고학년이나 중학교 1학년 학생들이 기본 문장도 쓰고 말할 줄 모르는 경우가 발생한다. 나는 이럴 때 꼭 한마디를 한다.

"선생님 때는 중학교 1학년 때 영어 알파벳부터 시작했어. 그런데 ○○는 선생님 중학교 때 비교하면 영어 실력이 있으니 선생님 나이 되면 얼마나 잘할까?"

이렇게 시작하면 학생과 학부모님은 서로 마주 보고 웃는다. 그리고 상담 온 자녀의 이전 영어학원이나 공부방 이력이 있으면, 그 학원에 대한 수업 방식을 물어보고 이전 학원이나 공부방의 장점을 부각해서 상담하려고 한다.

빈발 효과를 기대하라

빈발 효과는 첫인상이 좋지 않게 형성되었다 해도 보여지는 행동이나 생각과 태도가 첫인상과는 다르게 긍정적인 면이 자주 보이면 서서히 긍정적인 인상으로 변해 가는 것을 의미한다. 볼수록 인상이 긍정적이든 부정적이든 달라지는 것을 의미하는데, 변화의 비율도 적고 시간이 오래 걸린다고 한다.

나는 빈발 효과를 직접 경험한 적이 있다. 예전에 공부방 설명회를 진행했는데, 그날 오신 학부모 한 분이 나한테 질문을 했는데 내가 답변을 제대로 하지 못했다. 그 상황을 본 지인 원장님이 나의 입장을 대변하듯이 보충 설명을 해주었다. 그 원장님 도움으로 학부모는 마지 못해 자녀를 나의 공부방에 보내긴 했지만, 그 이후로 내가 전화를 해도 받지도 않았고 상담 문자를 보내도 답이 없었다.

나는 처음에는 학부모의 냉담함에 속상했지만, 그 학부모의 자녀에게 더 다정하게 다가갔고, 자녀의 영어 역량에 더 많은 시간을 쏟아부었다. 그리고 그 학부모 자녀의 영어 역량 과정을 학부모 밴드에 계속 올렸다. 그렇게 꾸준한 모습과 노력한 과정을 보여드렸고, 그 학부모의 자녀가 학교 내신 시험과 수행평가에도 같이 노력해서 영어 'A' 등급을 받게 했다.

최근 그 학부모는 내가 주최한 강연회에 참석했다. 자신의 자녀와 소통을 잘해줘서 고맙고 본인과도 앞으로 자주 소통을 해달라고 했다. 매우 고마웠고 뿌듯했다.

좋은 질문과 이미지로 클로징하다

《싱크 어게인》(이경식 역, 한국경제신문, 2021)의 저자 애덤 그랜트는 말했다. "우리는 상대방을 설득하려 할 때 흔히 대립적인 접근법을 구사한다. 상대방의 마음을 열기보다는 어떻게 하면 상대방의 입을 다물어버리게 할까 하는 점에 초점을 맞춘다. 나는 보다 협력적인 접근법을 탐구하고 싶다. 자신의 겸손함과 호기심을 기꺼이 드러내면서 상대방으로 하여금 과학자처럼 생각하도록 유도하는 그런 접근법 말이다."

나는 이 말이 너무나 공감이 됐다. 상담 오신 학부모들은 대다수 "어떻게 영어 공부를 시켜야 할지 모르겠다"는 말씀부터 하신다. 그러면 나는 20년 가까이 교육 현장에 있었는데도 막상 수험생 학부모 입장이 돼보니 여러 가지 시행착오를 겪었던 경험담을 솔직하게 말한다. 그렇게 교육자 입장에서의 겸손함을 먼저 보여주고 상담 오신 학부모들과 학생들한테 진심으로 호기심을 갖고 질문한다.

또한 상담을 할 때 질문을 던지고 적절한 리액션을 취하면서 경청하려고 한다. 다시 말해 나는 최대한 말을 적게 하고 학부모와 학생이 말을 많이 하게끔 한다. 그리고 학부모가 질문을 던지면 구체적으로 가르쳤던 학생들을 빗대어 이미지를 그리듯 답변을 하려고 노력한다. 가끔 상담 말미에 "어머님! 제가 기회가 닿아 어머님 자녀 ○○를 열심히 코칭해서 영어 역량 키워지면 나중에 세계평화에 기여하는 좋은 인재가 되길 진심으로 바랍니다!"라고 말한다.

이렇게 마음을 바꾸고 학부모들과 관계를 잘 이어가게 되자 공부방에 나가면서도 나도 학부모도 웃음이 끊이지 않는다. 그리고 당연히 신규 상담 등록률은 예전의 20~30%에서 80~90% 이상 상승했다.

메타버스 공부방 입소문 내는
SNS 마케팅 성공 비법

어떤 스토리로 해야 할까: 브랜드 이야기 만들기

교육업에 있는 원장이나 1인 기업가의 궁금증은 대체로 비슷하다. "마케팅이 중요한지는 알겠는데, 어떤 스토리로 알려야 할까요?" 이런 질문이 오고 갈 때 나 또한 무엇부터 시작해야 할지 몰랐다. 대다수 학원 마케팅 전문가들은 "학원 브랜드에 관한 스토리라면 어떤 것도 좋아요!" 그래서 나는 6개월가량 주 3회 이상 학원 수업한 내용, 학원 이벤트 등을 블로그에 올리기 시작했다.

하지만 똑같이 했는데 다른 원장이나 학원은 신규 상담이 몇 건씩 들어 온다고 들었는데, 나는 조회 수가 10~20건 미만이었고 아무 반응도 없었다. '도대체 무엇이 틀렸을까?' 그런 고민은 분명 학부모들에게 존경받는 브랜드가 되기 위해 알려야 할 스토리는 '따로' 있다는 생각으로 귀결됐고, 여러 마케팅 책을 구매해서 읽기 시작했다.

여러 책 중에서 《브랜드 애드머레이션》(박충환 외 2인, 문직섭 역, 시그마북스, 2017)이라는 책을 읽고 더 신중히 고민하기 시작했다. 이 책은 세계적으로 저명한 교수들이 함께 모여 구글, 애플, 나이키처럼 고객으로부터 존중받는 브랜드는 어떻게 만들어지는지를 연구해 쓴 것이다.

물론 누구나 아는 글로벌 브랜드와 달리 작은 1인 기업가로서 공부방 브랜드를 SNS 마케팅하는 나로서 내 방식으로 적용하고 활용해야 한다. 내 나름대로 해석한 감동받는 공부방이나 학원 브랜드가 갖춰야 할 세 가지는 첫째, 전문성으로 신뢰를 쌓기, 둘째, 정감성으로 사랑을 받기, 셋째, 공감성으로 존중을 얻기라고 이야기할 수 있다.

이 세 가지 요소가 적절히 균형을 갖추면 SNS 마케팅에서 성공하는 브랜드가 될 수 있다.

전문성으로 신뢰를 쌓기

학원 블로그에 그만큼 브랜드의 전문성은 중요하고 전문성을 담는 스토리를 학부모나 학생에게 알리는 것도 중요한데,

특히 표현 방법이 관건이다. 전문성을 이야기하려면 그들에게 믿을 만한 근거를 함께 제시할 수 있어야 한다.

만약 '초밥 전문점이라 맛있습니다'와 '일본 현지 음식점에서 8년간 일한 셰프가 만든 초밥이라 맛있습니다'라는 카피가 있다면 당신은 어떤 쪽 가게에 더 끌리는가? 둘 다 전문성을 갖춘 식당이라고 이야기하지만, 두 번째 문장은 우리가 믿어야 할 이유를 알려준다. 학부모나 학생들에게 추상적이고 간접적인 이야기가 아닌 직접적인 브랜드 스토리를 만들어 제공해야 한다. 브랜드가 전문성을 갖춰야 하는 것은 지극히 당연하다. 음식점은 음식이 맛있어야 한다. 영어학원은 영어를 잘 가르쳐야 한다. 신발 가게는 잘 만든 신발을 팔아야 한다. 다만 전문성의 영역 역시 고객들이 공감할 수 있는 내용이어야 한다. 영어 논술 공부방인 SM메타스쿨 'ON'도 전문성을 전하려면 당연히 '영어를 잘 가르치는 영어 전문 공부방입니다'라고 한다. 하지만 이런 식으로 학부모들의 신뢰를 얻기란 쉽지 않다. 더욱더 세세한 내용을 담아야 한다.

'영어를 잘 가르치는 영어 논술 공부방' vs '10년 이상 영어 논술을 직접 배워서 코칭하는 영어 논술 공부방', 어느 쪽이 더 공감이 가는 문장인지 바로 느낄 수 있다. 물론 SNS에 브랜드 스토리를 위해 없는 이야기를 지어낼 필요는 없다. 그건 브랜드 스토리가 아니라 '거짓말'이 될 것이다. 우리 공부방의 커리큘럼은 실제 미국 현지에서 20년 동안 체험을 바탕으로 영어 라이팅 콘텐츠를 만든 전문가에게 직접 배우고 뇌 심리학자에게 감수받았고, 내 자녀에게도 적용해서 성공적인 결과를 얻었다는 스토리 역시 전문성을 강조하기 위한 것이다.

정감성으로 사랑을 받기

학원의 커리큘럼이나 서비스가 좋다는 이유로 학부모의 선택을 받을 수 있는 시대는 지났다. 학원 등록을 넘어서 학부모나 학생으로부터 팬을 얻을 수 잇는 브랜드가 되려면 '정감성'이라는 부분도 강조되어야 한다. 문영호 저자는《팬을 만드는 마케팅》(북스톤, 2021)에서 '정감성=브랜드 호감도를 높여주는 느낌'이라는 표현을 썼다. '왠지 모르게 끌리는, 그런 감정'이라고 이해가 된다. 그러면서 정감성을 얻기 위해서는 크게 두 가지 요소를 활용할 수 있다고 한다. 첫째, 고객이 재미있어하거나 흥미를 가질 만한 이야기, 둘째, 고객의 마음을 사로잡을 수 있는 디자인적 요소다.

나 또한 공부방 운영하고 책도 쓰고 새벽 경영 독서 커뮤니티 활동도 하면서 정감성을 얻기 위한 스토리를 알리는 데 많은 노력을 기울이고 있다. 그중 하나가 인스타그램에 새벽 기상 인증샷과 경영, 경제 서적 관련 인사이트 글을 릴스와 함께 올리는 것이다. 물론 새벽 기상 인증샷과 서적 인사이트를 올리는 것은 영어를 잘 가르친다는 전문성과 직접적인 관련은 없다. 하지만, 사람들이 인스타그램 게시글이나 릴스를 보면서 나의 브랜드를 응원해 주기 시작했다. 가끔은 몸치인 나의 춤이나 분장한 학생들의 모습을 보고 기뻐하고 웃기도 하고, 인증샷을 며칠 못 올리면 나의 브랜드를 응원해 주기도 한다.

정감성을 얻는 데에는 고객의 마음을 사로잡을 수 있는 디자인적인 요소도 중요하다. 솔직히 나는 퍼스널 브랜딩을 하기 전까지는 디자인이 가진 힘에 대해 잘 알지 못했다. 퍼스널 브랜딩을 잘하려고 이것저것 공부하는 과정에서 디자인이 브랜딩에서 차지하는 영역이 크다는 것을 알게 되었다. 사람들은 상세 페이지나 제품 패키지 디자인을 보면 보통 5초 내에 구매 여부를 결정한다고 한다. 아무리 뛰어난 제품이라도 디자인이 형편없다면 구매로 이어지기는 힘들다.

디자인을 통해 무조건 예쁘고 멋진 결과물을 만들자는 이야기는 아니다. 앞서 내가 고민했던 브랜드 가치를 가장 잘 담아내는 디자인을 하는 것이 중요하다. 그래서 메타버스 플랫폼 안에서 아바타 수업을 하거나 이벤트 영상을 SNS에 올리더라도 나의 콘텐츠를 잘 표현할 수 있는 디자인 플랫폼 앱을 구매하거나 편집해서 올린다. 또한 학부모나 학생들 개인 밴드에도 디자인을 신경 써서 보내려고 노력 중이다.

공감성으로 존중을 얻기

요즘 학부모 상담을 할 때 "원장님의 가치관이나 철학은 무엇인가요?"라는 질문을 많이 받는다. 이제는 학부모들이 브랜드만 보는 것이 아니라 그 브랜드가 추구하는 철학을 보기 시작한 것이라고 생각한다. 이처럼 브랜드가 가진 신념이나 사회에 미치는 긍정적인 영향이 구매 결정의 중요한 기준이 되고 있다. 수많은 브랜드가 SNS상에서 환경보호나 공정무역 등에 신경을 쓰는 것도 마찬가지 이유라고 생각한다. 하물며 젊은 인재를 양성하는 학원이나 공부방도 당연히 해야 할 일이라고 여긴다.

환경보호에 신경 쓰는 것으로 유명한 브랜드 '파타고니아'가 지속적으로 성장하는 이유는 잘 만든 옷이라는 전문성과 좋은 파도가 칠 때 서핑할 수 있는 근무 여건을 담은 정감성만은 아닐 것이다. 꾸준히 환경보호를 위해 노력하는 '공감성'이 어우러짐으로써 소비자의 존경을 받는 브랜드가 될 수 있었다. 10년 넘게 학원이며 공부방을 운영하면서 기부 활동을 하고, 경제적인 이유로 영어를 배울 수 없는 아이들에게 장학금 형태로 수강료를 지원하는 활동 역시, 작은 1인 기업이지만 당연히 해야 할 일이라고 생각한다. 이런 활동은 학부모와 학생의 공감을 얻을 수 있는 스토리가 된다.

메타버스와 공부방을
연계해서 수입을 다원화하라

뉴 타입의 시대! 한 가지 직업은 위험 요소

사교육 현장에 있어봤던 사람들은 학원은 사양산업이라고 말한다. 어느 교육 전문가는 특히 5년 이내에 없어질 학원은 영어 전문 학원이라고 말하는 것까지 들었다. 이렇게 몇 년 전부터 이런 이야기를 많이 들어서인지 나는 영어 공부방을 넘어 확장하고 차별화하는 방법을 줄곧 고민해 왔다.

《뉴 타입의 시대》(김윤경 역, 인플루엔셜, 2020)의 저자 야마구치 슈는 말했다. "우리는 평생 여러 번 직업을 바꿔야 하는 것이다. 우리는 '오직 한 길'이라든지 '열심히 일한다'는 생각을 별다른 비판 없이 칭찬하는 경향이 강하지만, 급속도로 변화를 거듭하는 세상에서도 이런 가치관을 끝끝내 고집하는 올드 타입은 위험 요소에 매우 취약해진다. 반면에 지금까지 '끈기가 없다', '지조가 없다', '일관성이 없다'고 비판받았던 사람들, 즉 무엇이 본업인지 확실히 구분 짓지 않은 채 여러 일을 하면서 고비마다 과감하게 새로운 경력을 시작하는 뉴타입이야 말로 위험 요소를 기회로 바꾸어 유연하고 탄탄한 인생을 걸어갈 것이다."

나는 이 책을 읽으면서 '학원 사업'만의 문제를 넘어 '1인 교육사업가'로서 메타버스 공부방과 연계해 '의미'와 '목적' 그리고 '사고의 유연성'을 가지고 여러 가지 수입을 창출해야겠다고 생각했다.

지식 자본가의 출발선상에 '나'를 올려놓자

영어학원을 오픈하고 경영을 하기 전까지 나는 '교육가 마인드'가 강했다. 학생만 잘 가르치면 된다는 생각과 나의 콘텐츠에 대한 고집만을 앞세우기 바빴다. 하지만 비슷한 제품과 상품들, 특색 없는 정보와 학원 정보 노출에만 신경 쓰다 보니 나의 학원 경영은 악화됐다. 그러다가 새벽 독서 경영 모임을 2021년 7월부터 주 3~4회씩 시작하게 되었다. 이 모임은 경영, 경제 그리고 시대 트렌드 마케팅 등 다양한 책을 읽고 실제 내 사업에 접목시키는 비즈니스 센스를 키우는 독서 모임이었다. 책의 일부를 미리 읽고 새벽 5시 30분에 줌으로 접속해서 인사이트를 서로 나눈다. 그런 후 사업에 접목했을 때 각자 어떻게 할 건지에 대해 끊임없이 생각해서 다른 사람의 의견을 들으면서 1~2분 이내로 정리해 발표하는 시간을 가졌다.

아침에 비몽사몽한 상태에서 책을 읽고 나의 생각을 정리해서 이야기하고 사업에 적용해볼 사안을 동영상으로 찍고 글로 다시 정리한다는 것은 단단한 결심이 없으면 상상하기도 힘들다. 하지만 그 힘든 비즈니스토론 모임을 1년 넘게 지속하고, 무엇보다 모임에서 추천한 책을 90% 이상 구매해서 읽다 보니 비즈니스 센스가 조금씩 쌓여가기 시작했다. 그러면서 일단 공부방 학생들과 학부모님들의 문제를 재설정해 영어라는 도구를 통해 문해력 높이기와 공부에 대한 동기부여 코칭이라는 부분까지 해결해나가면서 나의 지식과 지혜를 자본화하는 힘이 생겨났다.

수입을 다원화하는 세 가지 모색 방법

나는 학원을 폐업하고 공부방으로 다시 들어오면서 공부방에 오는 학생만 소극적으로 기다릴 경우 한계가 있음을 철저히 깨달았다. 과거는 이미 실패했지만, 과거에 매달리지 않고 현재의 성공방식을 배우고 익혀야 한다고 다짐했다.

독서교육사업가 박서윤(소피노자)은 자신의 책《10배 버는 힘》(라온북, 2021)에서 이렇게 말한다. "현재 시점에서 미래를 가장 다르게 만들 수 있는 최고의 방법은 자아를 리모델링하는 것이다." 그리고 세 가지를 추천한다. 첫째는 만나는 사람을 다르게 만드는 것이다. 저자는 자신의 분야에서 성공한 선한 백만장자 1천 명의 친구를 만드는 것을 목표로 두고 있다. 둘째는 시간을 다르게 쓰는 것이다. 사업가라면 하루 매출을 올리는 방법을 연구하고 적용해서 시간을 비싸게 만들 수 있어야 한다. 셋째는 생각의 크기를 다르게 만드는 것이다. 그릇을 채우는 것은 내가 행복해지는 길이다. 그런데 그릇에 채운 것을 나눠주는 것은 나와 남이 행복해지는 길이라고 한다.

박서윤 저자는 이를 실행하면서 2년 만에 10배의 수입을 얻었다고 한다. 위의 세 가지 사항을 만 1년 동안 지속했더니, 학원을 운영할 때는 수입이 마이너스였는데 지금은 5~6배의 수입을 얻고 있다. 현재 진행하고 있고 앞으로의 계획하는 수입 다원화의 세 가지 방법을 공유하려고 한다.

메타버스 플랫폼 안에서 아바타로 강의하고
교재를 콘텐츠화해서 수입을 올린다

학원 폐업을 결정하고 기존 학원생들이 10명 내외로 남아서 학생들과 학부모님들께 학원 폐업에 관한 사정 이야기를 할 때였다. 고맙게도 그중 8명 이상이 계속 나와의 수업을 이어가고 싶다고 하셨다. 그래서 주 3회 수업 중 한 번은 줌 온라인 콘텐츠를 활용해서 하고 두 번은 학원이 있는 층의 교회 장소를 빌려서 수업을 하게 되었다. 처음에는 학생과 내가 익숙하지 않아서 시행착오를 많이 겪었는데 카페 분위기의 가상공간을 설정하고 나 또한 매번 수업을 할 때 새로운 아바타로 분장해서 수업을 진행하고 있다.

온라인에서 줌으로 진행되는 수업에서는 학생과 화면 공유도 할 수 있어서 필요한 영어 자료와 동영상을 학생들에게 제공할 수 있고, 화이트보드 활용도도 높다 보니 지금은 주 2회를 온라인에서 하고 주 1회만 오프라인 수업으로 진행하고 있다. 그리고 앞으로는 온라인 수업을 줌뿐만 아니라 지금 프로그램을 더 확장, 개발하고 있는 메타버스 수업으로도 확대해, 온라인 수업 방식을 줌과 메타버스 2개를 병행해서 진행할 것이다. 물론 현재도 메타버스에서 아바타로 수업하고는 있지만 수업 프로그램을 훨씬 다각화하는 중이다.

이렇게 1년 이상 줌과 메타버스 플랫폼을 사용해서 지금은 서로 다른 지역에 있는 고3 수업생들과 중학생 그룹 과외를 온라인 콘텐츠에서 하고 있고 메타버스 플랫폼으로 이전할 계획을 하고 있다. 또한 강의에 필요한 교재는 배송을 직접하고 있는데 교재당 7천 원에서 1만 원 정도로 첨삭비에 대한 비용을 첨부해 수입화하고 있다. EBS 한일 선생님의 '아카데믹 라이팅'

콘텐츠는 선생님의 허락하에 PDF 전자책으로 판매를 하거나 교재로 만들어 콘텐츠 비용을 받고 있다. 메타버스 플랫폼 안에서 코칭받는 사람들이 3차원 공간에서 선택과 몰입할 수 있는 환경만 제공해준다면 충분히 강의과 교재 콘텐츠는 더 확대될 것이다.

서브 교재 및 책을 써서 다양한 플랫폼에 팔아 수입을 올린다

책 쓰기는 나의 생각을 정리함과 동시에 다른 사람들에게 도움을 주는 확실한 도구다. 그러면서 '나'라는 사람을 상품화해서 시장에 내놓는 행위다. 예전에 나의 지인분이 지방대학교를 졸업하고 영어 강사 활동을 하면서 영어 관련 책을 출판했다. 그 이후 서울의 유명한 대학원에 합격을 했는데 결정적인 이유가 '책 출판'이었다. 이것이 요즘 많은 이들이 도전하는 '퍼스널 브랜딩이 되는 책 쓰기'일 것이다. 만약 취업준비생이 회사에 서류를 낼 때 자신의 대학 생활과 전공 역량 및 인문학적 역량에 대한 책을 출판해서 함께 제출한다면 그는 차별성과 경쟁력을 갖추게 될 것이다.

나 역시 지금의 책을 쓰기 이전에 작은 소책자를 판매한 경험이 있다. 대상은 나에게 영어 공부를 상담해오는 학부모님이었다. 당시 나는 내가 하는 라이팅 프로그램이나 4단계 에세이 수업 등을 소책자로 만들어 판매했다. SNS에 올려 광고 및 홍보도 직접 했다. 그런데 의외로 이런 소책자만으로 학부모와 학생들에게 신뢰감을 줄 수 있었다. 당시 나는 이것이 책을 활용한 '퍼스널 브랜딩'이라는 것을 깨달았다. 영어는 서브 교재나 라이팅 프로그램으로 얼마든지 소책자를 만들 수 있는 영역이다. 마음만 먹고 도전한다면 책을 써서 다양한 플랫폼에 팔아 수입을 올릴 수 있다. 이어서 영어를 브랜딩화하고, 책 쓰기를 시발점으로 강연회 진행과 카페 운영을 하고, 오디오북과 전자북의 판매 수입을 올릴 계획이다.

지식의 자본화를 투자로 연결한다

전설적인 투자자 레이 달리오(Ray Dalio)는 《변화하는 세계질서》(송이루·조용빈 역, 한빛비즈, 2022)에서 "장기적으로 보면 당신의 부와 구매력은 당신의 생산성에 비례한다. 소비보다 투자나 인프라에 돈을 쓰면 생산성이 올라간다. 따라서 투자는 확실한 번영의 선행 지표다"라고 말한다.

교육 현장에 있다 보면 매너리즘에 빠지기 쉽다. 그리고 매번 했던 일만 해서 생각이 고여 있을 수 있다. 내가 이러한 경험을 많이 했기 때문에 잘 안다. 그래서 나는 의식적으로 아침 1시간이나 주말 3~4시간을 온전히 경제, 경영, 역사 자료를 보고 책을 읽는다. 그러면서 세상의 트렌드를 읽으려고 노력한다. 또한 시가총액이 높은 주식과 펀드 비중을 꾸준히 늘리고 있다.

　나와 같은 1인 기업가는 퇴직연금이 없기 때문에 노후 준비에 대한 대책을 세워야 한다. 100세 기준으로 70~80세까지는 자신이 좋아하는 일을 할 수 있도록 건강관리와 자기 계발을 꾸준히 해야 한다고 생각한다.

우리 아이 영어
공부 완벽하게
시작하기

영어 공부머리 Change Up

김진희 지음 | 14,500원

영어 공부법, 여전히 그대로세요?
우리 아이를 영어 인재로 만드는 방법

중고등학생을 떠나 어른이 되어서도 영어는 언제나 마음속 한쪽에 살아 있고, 우리의 발목을 부여잡고 있다. 이 책은 '할 수 있어, 죽어라 해, 하다 보면 될 거야'가 아닌 아이의 학습 스타일에 맞춘 논리적 영어 공부법과 영어로 습득한 지식을 나만의 지식으로 재구조화할 수 있는 법을 소개한다. 단순히 문제를 풀기 위한 공부가 아닌 영어로 말하고 쓰는 것은 물론 영어로 생각하는 법을 익혀야 한다! 우리 아이가 똑똑한 이중언어 구사자가 되는 방법! 지금 당장 우리 아이의 공부머리를 체인지업 하라!

발음 교정 코칭
QR코드 100가지
수록

영어, 발음이 왜 그래?

이호진 지음 | 14,500원

'아직도 Would you를
'우쥬'라고 발음하시나요?'

3,000명이 넘는 강사들과 학생들이 입증한 '영어 보컬 트레이닝'은 지금까지 배워왔던 암기, 독해, 시험의 방식이 아닌 소리와 발음을 중심으로 영어에 접근해 'man'과 'men'의 차이, 'sit'과 'set', 'seat'의 차이 등 잘못된 영어 발음에 대한 편견을 없애준다. 이 책을 통해 지금까지 아무리 배워도 잘 들리지도, 발음되지도 않던 영어가 들리기 시작하면서 자신감이 생기고 자신의 발음이 변해가는 것을 직접 느끼게 될 것이다. 책에 있는 100가지 발음 코칭 영상 QR코드는 저자 직접 녹음하고 만든 영상으로 당신에게 원어민 같은 발음을 선물할 것이다.

Super Easy English

김종수, 앨리슨 리 지음 | 15,000원

**네이버 화제의 포스트 Super Daddy의
'아빠영문법101'이 책으로 발간되다!**

영어 공부를 할 때마다 점점 복잡해지는 문법 때문에 매번 골머리를 앓는다. 자녀들에게 영어를 가르쳐 주고 싶어도 내가 잘 모르는 걸 물어보면 답답해진다. 이 답답함을 해결해주기 위해 슈퍼맨처럼 나선 이들이 있다! 네이버 포스트 '초등영문법' 1위, 네이버 포스트 'Grammar' 1위에 빛나는 저자가 오랫동안 '영어의 이유'를 찾아왔다. 그냥 외우는 문법이 아닌 이해하는 영문법, 한국인들이 가장 헷갈려 하는 영어 표현을 정리해 한 권에 담았다. 한국에서는 쉽게 접할 수 없었던 미국 교육 문화의 실제적인 모습도 함께 담아냈다.

**헷갈리기 쉬운
영어표현 30**

영어 공부, 단어가 답이다

최정원, 정수인 지음 | 13,800원

**처음 보는 단어도 유추할 수 있게 하는,
영어 철자왕의 똑똑한 어휘 학습법!**

이 책에서는 영어 철자 맞추기 대회인 미국의 「스크립스 내셔널 스펠링비 대회」에 3차례 한국 대표로 출전한 정수인 양과 어머니가 스펠링비를 시작해서 미국 대회에 참가하기까지 지난 8년간의 경험을 바탕으로 아이 어휘 학습에 대한 해법을 제시한다. 어머니 최정원 씨가 수많은 시행착오를 겪으면서 실수를 딛고 아이를 철자왕으로 키워낸 학습 노하우와 초등학교 1학년 때 스펠링비를 시작해서 5학년 때 한국 대표로 미국 대회에 첫 진출해서 그 후로 2차례 더 미국 대회에 출전한 정수인 양이 직접 터득한 어휘 학습법이 총정리되어 있다.

**엄마와 아이
모두를 위한
어휘력 해법**